죽음 교양 수업

┼ 삶의 목적이 바뀌는 ┼

죽음 교양 수업

남충현 · 이규민 지음

· 기독교적 죽음 이해를 위한 10주 워크숍 ·

일러두기

1. 이 책은 남충현·이규민이 함께 완성했지만, 글에 등장하는 화자는 남충현임을 밝힙니다.

2. '생각하기'와 '적용하기'는 개인과 소그룹이 모두 활용할 수 있고, 관련 자료는 부록에 정리되어 있습니다.

차례

사람들은 죽음에 대해 아는 것이 3가지, 모르는 것이 3가지가 있다고 합니다. 죽음은 순서가 없고 혼자 가는 길이며 빈손으로 간다는 사실은 알고 있지만, 언제, 어디서, 어떻게 죽을지 모른다는 것입니다.

언제, 어디서, 어떻게 죽을지 모르지만, 우리 기독교인들 가운데도 죽음 준비교육을 받은 사람이 많지 않습니다. 왜냐하면 죽음교육을 재수 없다고 생각하고 죽음을 금기시하는 한국사회 풍조가 교회 안에도 들어와 있기 때문입니다. 죽음을 터부시하는 문화는 죽음을 막연히 두렵고 무서운 이미지로 만들었습니다. 하지만 조금만 생각해 보면 이러한 태도가 성경적이지 않음을 금방 알 수 있습니다. 죽음이란 무엇입니까? 성경에서는 죽음에 대해 어떻게 말합니까? 죽음 이후는 어떻게 됩니까?

죽음을 배우는 일은 결국 삶을 배우는 일입니다. 죽음을 준비하자 함은 남은 생을 어떻게 살아야 할지를 배우자는 것입니다. 자아(the self), 세계(the world), 허무와 죽음(the void), 거룩(the holy)을 바르게 인식한 사람은 바른 자기 정체성, 가치관, 세계관을 갖고 살아갑니다.

이 책은 죽음교육을 위해 개인 혹은 가족, 교회 및 단체 소그룹에서 활용할 수 있으며, 죽음 이해가 정립되는 약 10세 이상의 어린이부터 노인까지 활용할 수 있습니다. 기독교교육학적으로 제임스 로더의 인간실존의 4차원성과 변형이론[1] 그리고 와이코프의 교재개발의 원리인 현장, 범위, 목적, 방법, 조직원칙[2]을 따라서 저술하였습니다.

이 책의 목적은 기독교적인 입장에서 죽음을 바로 이해하고 남은 삶을 어떻게 살아갈지 결단하고 실행하도록 돕는 데 있습니다. 이를 위해 죽음을 어떻게 준비해야 하는지 함께 성찰하며, 각 장의 처음과 끝에 제시되는 생각하기와 적용하기를 활용하도록 했습니다.

이 책을 통해 죽음을 준비하면 비로소 삶이 보이기 시작할 것입니다. 죽음이 준비되면 삶을 의미 있게 구성할 수 있습니다. 그리고 가장 품위 있고 귀감이 되는 삶을 살아가게 될 것입니다. 이 멋진 삶에 여러분을 초대합니다!

2020년 2월

남충현 · 이규민

---

1   James E. Loder, 《The Transforming Moment》(Harper & Row, 1981), 이기춘·김성민 역, 《삶이 변형되는 순간》(한국신학연구소, 1988).

2   D. C. Wyckoff, 《Theory and Design of Christian Education Curriculum》(Westminster Press, 1961), 고용수, 《관계이론에 기초한 만남의 기독교교육 사상》(장로회신학대학교출판부, 1994).

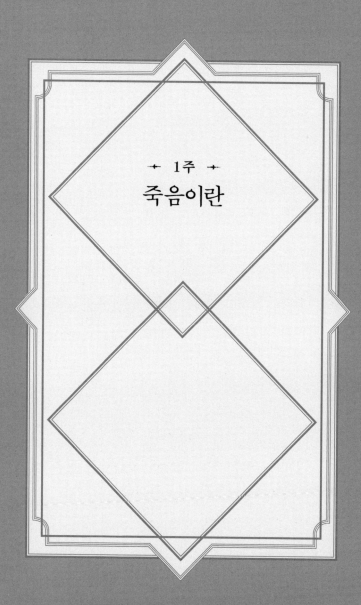

+ 1주 +

죽음이란

생각하기

◈ '죽음'이라는 말을 생각하면 어떤 느낌이 드나요? 또는 떠오르는 기억이
있나요?

틸만을 기억하며

2007년 5월 어느 날, 저의 아내는 국내선 비행기를 타고 T국 M시로 향했습니다. T국에서 함께 선교 사역을 하던 틸만(Tilmann Geske)의 죽음 소식을 접하고, 틸만의 남은 가족인 아내 수잔 그리고 세 자녀와 잠시 생활하기 위해서였습니다. 수잔과 그 자녀들을 위로하고, 바쁜 수잔을 대신해 식사 준비, 전화 받기, 청소와 빨래를 하고 세 아이를 돌보았습니다. 뜻밖의 사건으로 남편을 잃은 수잔은 많이 야위었지만 세 아이와 씩씩하게 견디고 있었습니다.

수잔의 초등학생인 두 아이는 사복 비밀경찰의 경호를 받으며 학교를 다녔습니다. 방문 첫날 저녁 식사 시간에 아내가 식탁의 빈자리에 앉으려 하자 막내 딸 미리엄(초등 2학년)이 "어, 아빠 자리!"라고 다급하게 외쳤습니다. 그 바람에 아내는 자리에서 얼른 일어났습니다. 식탁의 '아빠 자리'는 비워 두기로 했기 때문입니다. 아들 루카스(초등 5학년)는 아빠가 쓰던 전자 손목시계를 찾았는데, 엄마가 허락해 주자 학교에 차고 가며 얼마나 자랑스러워하던지. 큰딸 미키(고등 1학년)는 손수 만든 감사 카드에 'T국의 불꽃'이라는 그림과 글씨를 그려 넣었습니다. 불꽃같은 삶을 살다 간 아빠 틸만과 현지인 교회 지도자들을 기억하며 만든 카드였습니다.

약 한 달 전인 2007년 4월 18일, T국의 M시에서 틸만 선교사와 현지인 지도자 2명의 순교 사건이 있었습니다. 처음 보도된 잔악한 내용을 접하고 우리는 몸서리쳤습니다. 언론은 범인들이 틸만의 몸을 156번이나 칼로 찔렀고, 현지인 형제들의 코, 입술, 귀를 베어 냈을 뿐만 아니라 그들의 목이 잘려 나갔다고 보도했습니다. 그리고 피 묻고 찢긴 옷을 사진으로 보여 주었습니다. 그러나 시신 확인을 했던 관계자들의 증언으로 진실이 전해졌습니다. 틸만을 의자에 묶은 후 상체(가슴) 쪽을 칼로 서너 차례 찔렀고, 목을 칼로 찔러 8-9센티미터의 상처가 났다고 했습니다. 또한 범인들이 치밀한 계획하에 자신들이 기독교에 관심이 있다며 틸만 선교사와 교회 지도자들에게 접근하여 이전에 수차례 만난 것이 밝혀졌습니다. 찢긴 옷은 몇 주 전의 일로, 이번 사건과는 무관한 다른 총기 사건 때의 흔적이라는 사실도 드러났습니다.

　현지인 지도자 한 사람은 현장에서 중상인 상태로 병원에 옮겨졌으나 저녁 5시 30분경 주님 곁으로 떠났습니다. 사망 후에 그의 믿지 않는 가족이 시신을 고향으로 옮겨 갔고, 부모의 명령으로 형제들도 참석하지 않은 채 장례를 치렀다고 합니다.

　T국에서 저는 틸만과 좋은 교제의 시간을 가진 적이 여러 번 있습니다. 틸만은 매우 내성적이어서 친해지기가 쉽지 않았습니다. 하지만 음악에 취미가 있어서 함께 예배 팀으로 봉사하

기도 했고, 축구를 같이 한 기억도 있습니다.

틸만의 죽음은 '왜 하나님은 이러한 일들을 허락하시는가' 라는 의문이 들게 했습니다. 때로는 '차라리 내가 틸만의 자리에 있어서 순교했다면 좋았을 텐데……'라고 생각했지만, '내가 그 자리에 없어서 얼마나 다행인가'라는 생각도 했습니다.

틸만이 죽은 후부터 아내는 제가 현지인들을 만나는 일에 불안을 나타내기 시작했습니다. 저 또한 주변의 영향인지 아니면 스스로 겁을 먹었는지, 만나는 사람들을 문득문득 의심과 두려움 으로 보고 있었습니다. 이 두려움을 극복하는 데 수년이 걸렸습 니다.

피하고 싶은 죽음

오늘날 우리는 죽음을 피해야 하고, 감추어야 하며, 재수 없다고 터부시합니다. 죽음을 터부시하면서 죽음을 바라보는 인 식과 태도는 심각한 수준에 이르렀습니다. 이러한 현상은 교회 를 다니는 성도라고 별 다르지 않습니다.

신용카드 단말기 사업을 하는 김 집사라는 분이 있습니다. 어느 날 아침 그분에게 전화가 왔습니다. "네, 고객님. 단말기 설 치해 드릴 수 있습니다. 그런데 어디신가요? …… 네? 새로 개업

한 장례식장이라고요?" 태도가 돌변합니다. "아이고! 죄송합니다. 안 되겠는데요. 오늘 바쁩니다" 하고 전화를 끊습니다. 납품하지 않은 이유는 단지 불길하다는 생각 때문입니다.

죽음을 터부시하는 현상은 우리의 언어생활에서도 잘 드러납니다. '죽음'이라는 고유어는 '돌아가시다', '갔다', '잠들었다', '떠났다', '쉬고 있다', '유명을 달리하다' 등의 암시어로 대치되어 거부되고 있습니다.[3]

죽음과 관계된 화장시설과 추모공원 설치를 받아들이지 않는 지역 주민의 반대 현상은 어제오늘의 문제가 아닙니다. 〈경향신문〉은 2013년 10월 29일 기사에서 지난해 전국 화장률이 74퍼센트를 기록했다고 전했습니다. 사망자 4명 중 3명이 화장을 했다는 얘기입니다. 문제는 화장시설 확충이 화장률 상승 속도를 따라가지 못하고 있다는 점입니다. 화장시설이 부족해서 유족들이 불가피하게 4일장을 지내거나 타 지역에 가서 많은 돈을 주고 '원정 화장'을 해야 하는 실정을 보도했습니다.

죽음을 가장 중요하게 다루어야 할 종교에서조차 죽음은 터부시되고 내몰리고 있다. '죽으면 천국 간다', '죽으면 극락 간다'는 표

_____

3   김대동, 《품위 있는 죽음과 생명의 상담》(한들출판사, 2010), 118쪽.

현을 사용하는데, "너무 쉽게 제시하는 피안성이나 불사의 개념 때문에 마치 죽음을 없는 것처럼 착각하게 만든다. 이렇듯 대부분의 종교들은 죽음을 피안의 세계로 돌려 버렸다."[4]

죽음 준비교육은 죽음의 터부를 없애는 것입니다. 죽음은 피한다고 피해지지 않고, 감춘다고 감추어지지 않으며, 재수 없이 여긴다고 재수 있게 되는 것이 아닙니다. 죽음의 터부화는 죽음에 대한 진실한 대화의 기회를 빼앗고, 자유로운 생각을 방해하며, 삶에 대한 올바른 판단과 결정을 할 수 없도록 만듭니다.
　독일 출생의 일본 조치대학 철학교수인 알폰스 디켄은《인문학으로서의 죽음교육》에서 '죽음의 터부를 없애는 죽음교육'을 이렇게 이야기합니다.

중세 유럽에서의 죽음은 평생을 통해서 배워야 하는 하나의 예술이었다. 죽음을 예술로 보는 책이 많이 출판되었고, 사람들은 "그대들이여, 죽음에 대해 생각하라"는 말을 하나의 소양으로 여겼다. 19세기에 섹스는 터부시되었지만 죽음에 대해서는 비교적 자유롭게 논할 수 있었다. 그러나 20세기가 되면서 이 논리가 바뀌게

4　앞의 책, 126쪽.

되었다. 이전에는 자택에서 가족이나 친구들이 지켜보는 가운데 죽음을 맞이하는 것이 당연했는데, 인간의 죽음을 병실의 밀실에서 맞이하기 시작한 20세기 후반부터 죽음의 터부화는 점점 강해졌다.[5]

죽음에 대해 스스로 어떻게 생각하고 있습니까? 나라 안에서, 교회 안에서, 가정 안에서 죽음의 터부는 우리가 죽음과 삶을 바로 바라보지 못하게 하고 있습니다.

피할 수 없는 죽음

'모든 인간은 다 죽는다, 예외는 없다.' 이것은 피할 수 없는 자명한 명제입니다. 변치 않는 진리입니다. 하이데거는 인간은 숙명적으로 '죽음의 존재'라고 하였습니다. 사실 기독교 성도들만큼 자신 있고, 확실하고, 의미 있고, 당당하고, 품위 있게 죽음을 맞이할 사람은 세상에 없다고 생각합니다. 그런데 교회 안에

---

5   Alfons Deeken, 《生と死の教育》(岩波書店 編輯部, 2001), 전성곤 역, 《인문학으로서의 죽음교육》(인간사랑, 2008), 45쪽.

서도 죽음 이야기를 부담스러워하는 모습을 보면 안타깝습니다.

누가복음 12장 16-21절에 어떤 부자 이야기가 나옵니다. 오늘날로 바꾸어 생각하면 이런 이야기입니다. 손대는 사업마다 잘되는 부자가 있었습니다. 이 부자는 돈을 잘 벌어 여간 좋은 게 아니었습니다. 그런데 고민이 하나 있었습니다. 이제 나이가 들어 일을 못 하게 될 텐데, 어떻게 하면 돈을 안전하게 지키고 어떻게 투자해야 목돈을 잘 굴릴 수 있을지 생각이 많았습니다. 오랜 염려 끝에 이 부자는 적당한 투자처를 찾아 재산을 맡겼습니다. 매월 딱딱 나오는 배당금으로 잘 먹고 잘사는 길을 찾은 것입니다. 이 부자는 상당한 재산이 있다 보니 대통령도 시장도 부럽지 않은 평안한 삶을 살리라 생각했습니다. 하지만 더 신중하게 고민했어야 했습니다. 왜냐하면 세상의 주인이시고 생명의 주관자이신 하나님께서 어느 날 밤 부자의 영혼을 다시 찾으러 오셨기 때문입니다.

예수께서 이 비유를 이야기하신 이유 중 하나는 죽음을 준비하라고 경고하시기 위함입니다. 실제로 성경을 보면 예수님도 십자가에서 죽으실 것을 알고 날마다 준비하셨습니다. 그래서 우리는 죽음을 준비해야 합니다. 왜 준비해야 합니까? 죽음이 준비되면 비로소 삶이 보이기 시작하기 때문입니다. 죽음이 정리되면 삶이 정리됩니다. 죽음이 정리되면 비로소 의미 있는 삶을 살게 됩니다.

인문학에서 말하는 죽음

독일의 실존주의 철학자 하이데거는 "인간은 죽음을 향한 존재"라고 정의했습니다. 종교학자 정진홍 교수는 죽음은 지극히 사사로운 경험에서 다듬어질 수밖에 없는 주제이기 때문에 "죽음에 대한 논의는 인식의 차원에서 이루어지는 것이 아니라 고백의 차원에서 이루어지는 것"[6]이라고 표현합니다.

'왜 죽어야 하나'라는 물음에 답하기는 쉽지 않습니다. 철학과 종교학에서는 이 물음에 오랜 숙고와 논의를 거쳐 왔습니다. 생명이 있는 모든 것은 죽는다는 사실 자체는 궁금하지 않지만 그러면 '생명은 왜 죽느냐'는 질문입니다. 이에 대해 철학적으로 여러 가지 답변이 있습니다.

정진홍 교수는 이렇게 설명합니다.

죽음은 그 까닭을 서술할 수 없는 자연현상이라는 주장이 있습니다. 자연은 받아들여야 하는 불가항력적인 것입니다. 그러므로 그러한 자연을 인위로 설명하려 한다면 그것은 부자연스러운 것

---

6   삶과죽음을생각하는회 편, 《웰다잉 교육 매뉴얼》, 91쪽. 정진홍의 "죽음의 철학" 강의록.

일 수밖에 없습니다. 묻지 말아야 그것이 자연과의 조화를 살아가는 가장 현명한 태도입니다. 까닭에 대한 물음을 아예 동어반복의 논리로 차단해 버리는 이러한 반응은 그 나름의 엄연한 권위를 갖습니다. 그야말로 자연스러움의 자연스러운 자기 서술이기 때문입니다.

그런가 하면 죽음을 생명현상과 배치되는 것으로 여기면서 '있어서는 안 될 현상'으로 서술하는 경우도 있습니다. 죽음을 생명에 대한 저주로 단정하는 설명이 그것입니다. 죽음을 생명현상으로 여기는 자리에서 보면 이러한 죽음까닭의 서술은 불편합니다. 생명이, 죽음이라는 생명 아닌 것에 의해, 온통 망가졌다는 설명과 다르지 않기 때문에 그것은 죽음기원을 서술하는 내용으로는 논리적 적합성을 아예 지니지 못합니다.

또한 죽음을 새로운 존재의 출현을 위한 것이라고 서술하는 경우도 있습니다. 낡음의 청산, 다시 비롯하는 생명의 출현 계기라는 것입니다. 이에 의하면 생명이 있는 그 끝에 죽음이 있고, 죽음의 자리에 생명의 처음이 있습니다. 죽음이 생명의 온전함을 위해 비롯한 것이라는 이러한 주장은 많은 호소력을 갖습니다.[7]

---

7   앞의 책, 92쪽.

죽음의 기원에 대한 의견은 이렇게 다양합니다. 죽음은 자연적인 것이다, 죽음은 있어서는 안 될 현상이다, 죽음은 새로운 존재의 출현을 위함이다……. 여러분은 어떻게 생각합니까? 철학적으로 죽음이 무엇인지, 왜 죽어야 하는지에 대한 숙고는 의미 있는 일입니다. 왜냐하면 죽음을 바로 알 때 죽음다운 죽음을 생각할 수 있고, 죽음 같은 죽음을 맞이할 수 있기 때문입니다.

죽음과 관계된 한 가지 더 중요한 물음이 있습니다. '죽음 이후는 어떻게 되는가'라는 질문입니다. 이 질문에 답변을 정리하는 일은 현재 우리 삶의 자세에 영향을 끼칠 수 있습니다.

정진홍 교수는 죽음 이후에 대해 이렇게 말합니다.

죽으면 모든 것이 다 사라져 없어진다고 믿는 자리가 있고, 다시 태어난다고 믿는 자리도 있습니다. 여러 종교들은 죽음의 비롯함과 더불어 죽음 이후에 대하여 많은 설명을 하고 있고, 약속도 합니다. 신비스러운 공간과 시간을 지칭하는 서술을 통해, 윤리적인 보상의 원칙에 근거해서, 인간의 사색이 가 닿을 수 있는 어쩌면 가장 지극한 자리에서 새로운 개념을 지어내면서 종교들은 허다한 '이야기'들을 해주고 있습니다. 고마운 일입니다. 두근거리는 기대도 가질 수 있고, 두렵지만 다행하다는 안위를 품게도 됩니다.

저는 죽음 이후가 반드시 있으면 좋겠습니다. 아니 이렇게 말씀드리기보다 저는 제가 죽으면 틀림없이 제가 아직 어렸을 적 이 세상을 떠나신 제 아버님을 만나 뵐 것이라고 말하고 싶습니다. 그럴 것입니다. 그 기대는 제게 분명한 현실로 지금 여기의 제 삶을 지배하고 있습니다. 그렇기 때문에 저는 가감 없이 그렇게 발언하고 있는 것입니다. 죽은 다음에 저는 틀림없이 먼저 간 뭇 사람들을 만날 것입니다. 그래서 아주 행복하게 살 것입니다.[8]

일반적으로는 의학을 인문학으로 생각하지 않습니다. 하지만 사생학, 죽음학을 공부하면서 의학은 인문학과 매우 가까운 학문이라는 생각이 들었습니다. 의학자, 의사 중에는 죽음에 깊은 식견을 가진 분들이 있습니다.

사람이 죽었다고 했을 때, 우리가 말하는 죽음은 무엇을 말하는 걸까요? 더 이상 숨 쉬지 않는 것, 심장이 뛰지 않는 것? 하지만 의학적 관점에서 본다면 죽음의 시점은 그렇게 간단하지 않습니다.

모현 호스피스 완화의료병동 진료원장인 정극규 교수는 1년에 약 250명의 죽음을 경험한다고 합니다. 정극규 교수는 의사로서 죽음에 대해 이렇게 말합니다.

---

8   앞의 책, 94-95쪽.

블랙법률사전에 의하면 죽음이란 생명의 정지, 즉 혈액순환의 전면적 정지, 호흡 및 맥박과 같은 생물적인 생존 기능의 정지 등으로 의사에 의해 선고되는 생존의 종식이라고 정의된다. 의학적인 측면에서만 고려한다면 생명을 유지하는 데 필요한 중심적인 기능계의 작용이 불가역적으로 정지된 상태를 말한다. 불가역적이라는 말은 영구히 원래의 상태로 회복되지 않는 것을 뜻한다.[9]

의학적으로 죽음을 바라볼 때 생명을 유지하는 데 필요한 신체의 기능들이 불가역적으로 정지된 상태라는 말도 사실은 혼란을 피할 수 없습니다. 왜냐하면 죽음의 시점에 대한 사회적인 인식도 계속 변하기 때문입니다. 예를 들어 심장이 멎음을 사망으로 볼 것인지, 뇌 기능이 멈춤을 사망으로 볼 것인지가 의학적 논란이 된 적이 있기 때문입니다. 앞으로 의학의 발전에 따라 또 바뀔 수도 있을 것입니다.

19세기에 청진기가 발명되어 심장의 박동상태를 보다 정확하게 진찰할 수 있었으며, 20세기에 이르러 심전도 기계의 개발로 정확히 심장 기능을 판독하여 임상적으로 사망을 선언하는 과학적

---

9   앞의 책, 278쪽. 정극규의 "죽음에 대한 의학적 이해" 강의록.

근거를 마련하게 되었다.

고전적으로 죽음을 판정하는 기준으로서 심장과 폐의 기능이 불가역적으로 정지되면 죽음을 선언하는 심폐기능성이 보편적으로 알려져 왔다.

그러나 1967년 12월 3일 세계 최초로 남아프리카공화국에서 심장외과의사인 크리스티안 버나드(Christian Barnard)에 의해서 뇌사자의 심장을 제공받는 심장이식술이 이루어진 이후, 1979년 호주에서 열린 세계의 의사총회에서 죽음을 판정하는 기준을 뇌의 기능이 소실된 뇌사에 의한다고 정의를 내렸다. 현재 의학계뿐만 아니라 사회적으로 보편적으로 받아들이고 있는 죽음의 판정기준은 모든 뇌의 기능이 소실된, 즉 전뇌사(全腦死)로 삼고 있다.[10]

의학적인 면에서 죽음의 과정을 이해하는 일도 중요하다고 생각합니다. 의학적인 죽음의 과정은 2가지로 나눌 수 있습니다.

첫째, 좁은 의미에서 죽음의 과정입니다. 현재 사회 통념상 그리고 임상적으로 의사가 죽음을 선고하는 것은 심장이나 폐 또는 뇌 기능의 손실 시점을 말합니다. 의사가 임상적으로 죽음

---

10   앞의 책, 279쪽.

을 선고했지만 장기들과 세포들은 일정 시간을 두고 죽음의 과
정을 따를 것입니다.

임상적으로 의사에 의해 죽음이 선고되고 난 후에도 뇌, 간, 콩
팥, 위장관, 피부 등의 장기의 기능은 일정 시간 유지되고 있으므
로 이러한 인체 장기의 모든 기능들이 소실된 장기들의 죽음이 이
어지고 마지막으로 임상적 죽음 이후에 일정 시간 경과되어 모든
세포의 죽음이 이루어지는 세포의 죽음으로 죽음의 과정이 종식
된다.[11]

둘째, 넓은 의미에서 죽음의 과정입니다. 인간의 죽음을
크게 3가지로 나눌 수 있습니다. 돌발적인 죽음, 병적인 죽음,
자연적인 죽음입니다. 돌발적인 죽음은 전쟁, 사고, 자연재해
등으로 인한 갑작스러운 죽음이기 때문에 실제적으로 죽음의
과정이 없습니다. 이 경우는 사망자보다는 사별한 가족과 가까
운 사람들의 애도 과정이 문제가 됩니다. 병적인 죽음은 급성질
환으로 인한 죽음과 만성질환으로 인한 죽음이 있습니다. 급성
질환은 위의 돌발적인 죽음과 비슷합니다. 만성질환으로 인한

---

11   앞의 책, 281쪽.

죽음은 예를 들면 암으로 인한 죽음과 같이 환자와 가족의 고통이 문제가 됩니다. 자연적인 죽음은 사람이면 누구나 겪는 정상적인 과정으로 생각하기 때문에 그렇게 힘들거나 고통스럽지는 않습니다.

적용하기

◈ 천상병 시인의 시 〈귀천〉을 읽고 소감을 적어 보세요.

◈ 화가 에드바르 뭉크의 〈절규〉, 〈생의 춤〉을 감상하고 소감을 적어 보세요.

◈ 영화 〈굿'바이: Good & Bye〉(おくりびと: Departures, 2008)를 보고 다음 질문에 답해 보세요.

　① 주제는 무엇입니까?

　② 어떤 가치관들이 나타납니까?

　③ 명장면과 명대사는 무엇입니까?

◈ 【부록 1】의 '죽음에 대한 두려움' 체크리스트를 활용해 자신을 진단해 보세요.

◈ 【부록 2】의 '죽음에 대한 이해' 체크리스트를 활용해 자신을 진단해 보세요.

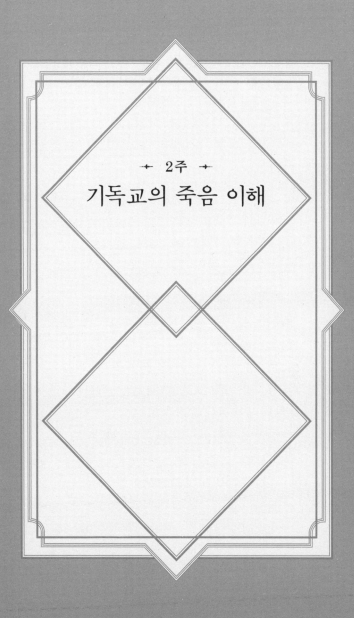

+ 2주 +

기독교의 죽음 이해

생각하기

◈ 교회에서 전통적으로 사용하는 죽은 자를 위한 음악(미사곡)인 레퀴엠(re-
quiem)을 감상해 보세요. 여러 음악가들의 레퀴엠이 있지만, 모차르트의
레퀴엠 전곡 혹은 일부를 감상하기를 추천합니다.

교회 안의 죽음 이해

통계청의 자료에 따르면 2018년 한 해 동안 우리나라의 사망자 수는 29만 8,820명입니다. 이 숫자는 1983년 통계를 작성한 이래로 최대치라고 합니다. 사망자 중에서 90.6퍼센트 이상은 암을 비롯한 각종 질병으로 인한 사망이고, 약 9.4퍼센트는 자동차 사고, 화재, 추락, 자살, 익사 등으로 인한 사망입니다. 이 수치는 하루 평균 819명이 죽고 있음을 보여 줍니다.

저는 친할아버지가 돌아가셨을 때 처음 죽음을 경험했습니다. 할아버지에 대한 기억은 없는데, 돌아가셔서 발인할 때의 꽃상여와 많은 만장(죽은 이를 슬퍼하며 지은 글을 비단이나 종이에 적어 만든 깃발)이 기억납니다. 이때가 초등학교에 입학하기 전입니다. 또다른 기억은 작은할아버지가 돌아가셨을 때입니다. 이때는 작은할아버지 시신을 직접 보았습니다. 눈을 감고 차렷 자세로 천장을 향해 누워 있는 주검이 지금도 선명하게 뇌리에 남아 있습니다. 제가 초등학교를 다닐 때 일입니다.

친할아버지는 교회장으로 장례를 치렀습니다. 고향에 있는 교회에서 가끔 장례식을 치르는 모습을 보며 자랐는데, 그때 이런 생각을 했습니다. '돌아가셨다, 소천하셨다고 하는데 그럼 어디로 간 거지? 머리 위의 저 하늘로 올라간 걸까? 그럼 나도 언젠가 올라가는 걸까?', '장례식 때 어른들이 부르는 찬송가에는 며칠 후 며칠 후 요단강 건너가 만나리라고 하는데, 하늘 저편으로 가려면 요단강을 건너야 하나? 며칠이나 걸리는 걸까?' 어린 저는 교회 안에서 어른들이 어떻게 죽음을 이해하는지 무척 궁금했습니다.

세월이 흐르면서 저는 어머니와 아버지의 죽음도 겪었고, 교회 사역을 하며 많은 사람들을 앞서 보냈습니다. 임종도 보았고, 장례식을 인도하고 참석도 했으며, 앞으로도 많이 할 것입니다. 아마도 어떤 사람은 아주 가까운 분의 장례를 치르며 죽음을 경험했을 수도 있습니다. 또 어떤 사람은 한 번도 시체를 본 적이 없으며, 아직 죽음은 자신과는 먼 일이라고 생각할 수도 있습니다. 하지만 우리가 모두 인정하듯 죽음에는 순서가 없습니다. 청소년이든 중년이든 노년이든 언제 죽음을 마주할지 모릅니다.

이제 여러분과 함께 성경에서 말씀하는 죽음에 대해 알아보고자 합니다. 하나님께서 죽음에 대해 하시는 말씀에 귀를 기울여 보겠습니다.

성경이 말하는 죽음 1: '죽으면 끝이다'

죽음은 단절입니다.

죽음은 철저한 단절입니다.

죽음은 모든 것이 끝나는 것입니다.

죽음은 모든 관계도 끝나는 것입니다.

이것은 구약 성경에 나오는 주류 의견입니다. 창세기 3장 19절은 "사람은 죽을 수밖에 없는 존재"임을 말씀합니다.

너는 흙이니 흙으로 돌아갈 것이니라

시편 39편 5, 6절은 이렇게 말씀합니다.

주께서 나의 날을 한 뼘 길이만큼 되게 하시매 나의 일생이 주 앞에는 없는 것 같사오니 사람은 그가 든든히 서 있는 때에도 진실로 모두가 허사뿐이니이다 (셀라) 진실로 각 사람은 그림자같이 다니고 헛된 일로 소란하며 재물을 쌓으나 누가 거둘는지 알지 못하나이다

시편 88편 3-7절은 임종에 처한 사람이 어떻게 죽음을 이해하는지 말씀합니다.

무릇 나의 영혼에는 재난이 가득하며 나의 생명은 스올에 가까웠사오니 나는 무덤에 내려가는 자같이 인정되고 힘없는 용사와 같

으며 죽은 자 중에 던져진 바 되었으며 죽임을 당하여 무덤에 누운 자 같으니이다 주께서 그들을 다시 기억하지 아니하시니 그들은 주의 손에서 끊어진 자니이다 주께서 나를 깊은 웅덩이와 어둡고 음침한 곳에 두셨사오며 주의 노가 나를 심히 누르시고 주의 모든 파도가 나를 괴롭게 하셨나이다 (셀라)

죽음을 앞에 둔 욥도 욥기 7장 21절에서 이렇게 말씀합니다.

내가 이제 흙에 누우리니 주께서 나를 애써 찾으실지라도 내가 남아 있지 아니하리이다

이렇듯 구약에서 이해한 죽음은 하나님과 철저한 단절입니다. 죽음의 세계에서 하나님과 인간이 다시 관계를 맺는 일은 있을 수가 없습니다. 죽음의 세계는 무자비한 세계입니다. 그래서 죽음은 무섭고 공포를 주는 것입니다. 또한 구약에서 하나님과 단절을 의미하는 죽음은 전혀 거룩하지 않은 부정한 영역입니다. 죽음은 신적인 영역이 아닙니다. 그래서 죽은 다음에는 어떤 화려한 추모도 숭배도 허용되지 않습니다.

죽음을 가장 먼저 언급한 성경 본문은 창세기 2장 17절입니다.

선악을 알게 하는 나무의 열매는 먹지 말라 네가 먹는 날에는 반
드시 죽으리라 하시니라

우리는 에덴동산의 선악과 이야기를 알고 있습니다. 선악
과를 먹으면 반드시 죽는다는 하나님의 금지와 경고 명령에도
아담과 하와는 선악과를 따 먹었습니다. 그런데 아담과 하와는
죽지 않았습니다. 아니, 천수를 다 누리고 죽은 것 같습니다. 창
세기 5장 4, 5절을 보겠습니다.

아담은 셋을 낳은 후 팔백 년을 지내며 자녀들을 낳았으며 그는
구백삼십 세를 살고 죽었더라

아담은 선악과를 따 먹고도 죽지 않고 한참을 살다 자연적
으로 죽은 것 같습니다. 그렇다면 여호와 하나님이 말씀하신 "반
드시 죽으리라"에서 이 '죽음'은 무엇입니까? 아담과 하와에게
겁을 준 것일까요? 아닙니다. 그렇지 않습니다.

하나님의 명령, 하나님의 말씀을 어겨서 죄를 지은 아담과
하와는 하나님과 단절되었습니다. 하나님과 관계가 끝난 것입니
다. 이것을 '영적인 죽음'이라고 합니다. 이러한 증거들은 아담과
하와가 선악과를 따 먹고 범죄한 후에 즉각적으로 나타납니다.
아담과 하와가 선악과를 먹은 후의 첫 반응이 창세기 3장 8절에

나옵니다. 아담과 하와는 하나님이 두려워졌습니다. 이제 하나
님이 무서워졌습니다. 그래서 '피했다', '숨었다'고 성경은 말씀
합니다. 하나님과 관계가 단절된 것입니다. 이 '죽음의 현상'은
즉각적으로 나타났습니다. 그런데 이게 끝이 아닙니다. 하나님
을 피하고 숨은 아담과 하와는 총체적으로 파국을 맞게 됩니다.

　선악과를 먹은 후에 눈이 밝아졌다고 하는데 시력이 좋아
졌다는 뜻이 아닙니다. 지적으로 타락해졌음을 의미합니다. 도
박의 짜릿한 맛을 알게 된 사람이 도박에 빠지듯이, 마약이 주는
환각의 맛을 안 사람이 마약에 빠지듯이, 악에 빠진 타락의 상태
입니다. 지적으로 타락한 인간들은 하나님으로부터 도망쳐 나와
서 이제는 자기가 누구인지도 모른 채 원숭이나 아메바가 자기
조상이라고 합니다.

　선악과를 먹은 후에 아담은 하와를 탓합니다. 부부가 책임
을 전가합니다. 하나님과의 관계뿐만 아니라 부부 사이도 단절
되었습니다. 인간관계의 단절입니다. 당장 아담과 하와의 자녀
인 가인은 불화와 반목과 끊어진 인간관계로 인해 살인을 저지
릅니다. 가정이 파편화되고 모든 인간관계가 끊어진 현상을 우
리는 매일 바라보고 있습니다.

　선악과를 먹은 후에 땅과 자연물이 저주를 받게 되었습니
다. 약육강식이 지배하는 살벌한 형국, 각종 자연재해와 무서운
바이러스가 창궐하는 현상을 오늘도 보고 있지 않습니까? 이렇게

아담과 하와의 범죄는 총체적인 파국, 완전한 단절인 죽음을 가져왔습니다.

죽음에 대해 관심 있는 현대인이면 부딪치는 유명한 사람이 있습니다. 바로 예일대학교의 셸리 케이건 교수입니다. 철학과 교수로서 '죽음'에 대한 강의로 유명한 셸리 케이건의 《Death》라는 책은 《DEATH 죽음이란 무엇인가》로 번역되어 있습니다. 셸리는 사람들이 "죽음이란 무엇인가"라는 질문을 할 때 진짜 알고 싶은 것은 '죽음이 진정 끝인가?'에 대해서라고 생각합니다. 즉 사후세계에 대한 의문입니다. 셸리는 현대 계몽주의, 과학주의, 합리주의, 포스트모더니즘의 여타 세속적 인간들의 말처럼 사후세계를 믿지 않습니다. 하지만 우리 그리스도인들은 죽음 이후를 믿음으로 소망합니다. 죽음 너머에 대해서는 다음 장에서 말씀드리겠습니다.

사후세계를 믿지 않는 셸리는 죽음을 어떻게 보겠습니까? 죽음을 생이 끝남으로 믿습니다. '나'는 몸이라고 생각합니다. 살과 뼈 그리고 피로 이루어진 덩어리가 바로 '나'라고 생각합니다. 뇌가 망가지면 나는 멈춥니다. 고장 난 기계는 점차 부식되고 더 이상 아무것도 아닙니다. 이것을 죽음이라고 봅니다. 이러한 현대 철학자들의 견해는 마치 구약의 주류 견해인 "죽음은 끝이다, 죽음은 단절이다"처럼 보입니다. 하지만 이들의 견해는 철저하게 무신론적, 물질론적 견해라는 점에서 성경과 확실하게 다릅니다. 왜냐하면 인간을 단지 물질로만 만들어진 존재로 보기 때문입니다. 영적인 죽음은 모르고 있으며 인정하지도 않습니다. 현대 과학과 의학적 지식이 '죽음'의 의미를 정확히 규명한다고 자부하지만 사실은 모르고 있습니다.

현대 생물학과 의학이 죽음을 정의한 역사를 살펴보아도 바로 알 수 있습니다. 의사들은 사람이 죽었다는 선언을 합니다. 그런데 무엇을 죽음이라고 선언할까요? 처음에는 폐와 심장의 기능이 정지하면 죽었다고 선언했습니다. '심폐기능설'이라고 합니다.

1967년 12월 3일 남아프리카공화국에서 심장이식에 성공했습니다. 이제 인공호흡 기술과 심폐소생술의 발달로 얼마든지 인위적으로 심장과 폐의 기능을 연장할 수 있게 된 것입니다. 심폐기능설은 설 자리를 잃게 되었습니다. 그래서 1968년에 세계의사총회를 통해 뇌의 기능이 소실되었을 때를 사망으로 선언하자고 결의했습니다. 이것을 '뇌사설'이라고 합니다.

그런데 '죽음'에 대한 현대 의학의 정의는 언제 어떻게 변할지 모릅니다. 의학적으로만 '죽음'을 판단하는 편이 다 옳다고 볼수도 없습니다. 철학적으로 도덕적으로 종교학적으로 많은 논의가 필요합니다. 무엇을 '죽음'이라고 선언할지는 언제든지 변할 수 있습니다.

성경이 말하는 죽음 2: '죽음은 영원으로 이어진다'

죽음은 끝이 아니다.

죽음을 주관하는 분은 하나님이시다.

여호와 하나님은 생명과 죽음을 모두 주장하신다.

하나님께서 영원으로 인도하신다.

이것은 구약 성경에 나오는 비주류 의견입니다. 시편 36편 9절은 생명의 원천이신 하나님을 말씀합니다.

진실로 생명의 원천이 주께 있사오니 주의 빛 안에서 우리가 빛을 보리이다

사무엘상 2장 6절에서는 하나님이 죽게도 하시고 살리기도 하신다고 합니다.

여호와는 죽이기도 하시고 살리기도 하시며 스올에 내리게도 하시고 거기에서 올리기도 하시는도다

신명기 32장 39절에서도 하나님은 삶과 죽음을 주관하신다고 합니다.

이제는 나 곧 내가 그인 줄 알라 나 외에는 신이 없도다 나는 죽이기도 하며 살리기도 하며 상하게도 하며 낫게도 하나니 내 손에서 능히 빼앗을 자가 없도다

이사야 25장 8절은 사망을 없애고 영원히 살게 하시는 하나님이라고 말씀합니다.

사망을 영원히 멸하실 것이라 주 여호와께서 모든 얼굴에서 눈물을 씻기시며 자기 백성의 수치를 온 천하에서 제하시리라 여호와께서 이같이 말씀하셨느니라

이사야 26장 19절도 하나님이 우리를 영원히 살게 하시겠다고 말씀합니다.

주의 죽은 자들은 살아나고 그들의 시체들은 일어나리이다 티끌에 누운 자들아 너희는 깨어 노래하라 주의 이슬은 빛난 이슬이니 땅이 죽은 자들을 내놓으리로다

비록 구약에 나오는 소수 의견이지만 인간의 타락으로 어둠이 깃든 이 땅에 선포된 소망의 말씀입니다. 여호와 하나님께서 사망의 어둠이 짓누르는 버려진 이 땅과 인간들에게 새 희망

을 말씀하고 있습니다. 아마도 구약 시대를 살았던 성도들은 이러한 말씀 듣기가 어려웠을 겁니다. 왜냐하면 조그만 목소리였고 어쩌다 가끔 들리는 말씀이었기 때문입니다. 우리 기독교는 하나님이 죽음을 주관하심을 확실하게 믿습니다. 왜냐하면 성경을 통해 여러 번 분명하게 말씀하셨기 때문입니다. 이 사실에 비추어 보면 우리 주변에 있는 무속 신앙, 유교의 제사, 불교의 윤회 사상은 잘못되었습니다. 틀려도 많이 틀렸습니다.

샤머니즘, 즉 무속 신앙에서는 무엇을 죽음이라고 할까요? '혼이 육신을 떠남'을 죽음이라고 합니다. 그리고 이 혼이 이승을 떠나 저승에 가야 한다고 합니다. 그런데 원한과 유감이 있는 혼은 굿을 통해 이 원한과 유감을 씻어야 저승에 간다고 믿습니다. 바로 이것이 잘못되었습니다. 굿을 통해서는 구원을 얻을 수 없습니다. 죽음에서 우리를 구원할 수 있는 분은 성경이 말씀하는 오직 하나님이십니다.

유교 학자들 및 조상에게 제사를 드리는 사람들은 유교는 윤리요, 철학이라고 합니다. 하지만 자기 존재의 근원을 조상에게서 찾고, 조상을 숭배하는 제사 의식이 있기 때문에 유교는 종교입니다. 유교에서는 무엇을 죽음으로 볼까요? '혼이 떠남'을 죽음으로 봅니다. 인간을 혼백으로 이루어졌다고 보는데, 죽으면 혼은 하늘로 올라가고 백인 육체는 지하인 땅에 묻혀서 백골이 된다고 합니다. 이 혼백을 불러서 제사를 지냄으로 조상의 정신과 육체가 영원히 계속되어 우리와 함께 산다고 믿습니다. 유교는 이 면에서 분명히 잘못 믿고 있습니다. 성경에 의하면 우리의 어떤 조상도 다시 살아서 우리에게 올 수 없습니다. 우리가 죽으면 믿음의 조상들에게 갈 수 있지만 죽은 조상들은 우리에게 올 수 없습니다. 이것이 성경이 우리에게 말씀하는 진리입니다.

불교에서는 죽음을 어떻게 보고 있을까요? '수명과 체온과 의식이 사라져 인간의 몸이 모두 파괴된 상태'를 죽음이라고 봅니다. 업보, 카르마는 윤회전생합니다. 변이과정을 거쳐 다른 생명체로 변화한다고 믿습니다. 불교를 이해하는 데 중요한 책 중하나가《티벳 사자의 서》입니다. 이 책을 보면 불교에서 장례를 치를 때 '49재'(四十九齋)가 왜 중요한지 나옵니다. 죽은 이가 다음 생을 받는 기간인데, 7일마다 일곱 번 죽은 사람의 복을 기원하기 때문에 49일이 필요하다고 합니다. 하지만 이것은 성경적 진리에 위배됩니다. 성경은 창조 때부터 다른 동물이나 생물과 인간은 다르게 창조되었음을 보여 줍니다. 인간은 돼지가 될 수 없고 소가 될 수 없습니다. 인간만이 하나님의 형상, 하나님의 성품을 갖고 태어났으며, 죽으면 돼지나 소가 되어 다시 태어나는 것이 아니라 하나님의 품으로 돌아갑니다.

〈열두 살 샘〉이라는 영화가 있습니다. 원제는 〈Ways To Live Forever〉로, '영원히 사는 길들'이라는 뜻입니다. 사실 이 영화는《아빠, 울지 마세요》라는 책으로 먼저 나왔는데, 유럽과 우리나라에서도 많은 상을 받은 아주 유명한 작품입니다. 어린이를 위한 책이지만 실제로는 어른들에게 매우 유용한 깊은 철학적 주제를 쉽게 잘 설명했습니다. (영화 또는 책을 꼭 보시기 바랍니다.)

샘은 열두 살입니다. 샘은 백혈병에 걸려서 시한부 인생을 살게 되는데, 병원에서 똑같은 처지에 있는 펠릭스라는 친구를 만납니다. 이 두 아이가 함께 마음을 다스리는 수업을 받게 되고, 선생님은 이 소년들에게 'Ways to live forever', 영원히 사는 길을 알려 줍니다. 선생님의 설명을 들은 샘과 펠릭스는 자기들이 하고 싶은 일들을 노트에 적습니다. '버킷리스트'라고도 하지요. 두 소년은 죽기 전에 하고 싶은 일들을 적고 이 일들을 실행합니다.

- 19금 공포 영화 보기
- 에스컬레이터를 거꾸로 올라가기
- 과학자가 되어 논문 발표하기
- 우주선에서 지구와 별들 바라보기
- 여자 친구와 키스해 보기

그리고 이 모든 일을 일기로, 비디오로 촬영하여 남기기로 합니다. 이것이 영원히 사는 것이라고 믿습니다. 〈열두 살 샘〉을 우리나라에서 상영할 당시 특별시사회가 있었습니다. 그때

중견 탤런트 김명국 집사가 참석하여 소아암 백혈병으로 죽은 자기 아들 김영길 군의 버킷리스트를 발표했습니다. 영길 군의 버킷리스트는 '친구들과 학교 다니기'였다고 합니다.

오늘 주님과 동행하면서, 친구들과 학교 다니고, 사랑하는 가족과 밥 먹고, 재미있는 영화도 보고, 주께서 소명으로 주신 일을 하고, 사랑하고, 도움을 베푸는 일들이 앞으로 우리가 살 영원한 나라와 잇대어 사는 것임을 우리는 믿습니다.

성경이 말하는 죽음 3: '죽음은 없다'

'죽음은 없다'는 것은 예수님의 말씀이자 신약의 대부분의 서신서를 저술한 사도 바울의 입장입니다. 예수님은 누가복음 20장 38절에서 "하나님 안에서는 모든 사람이 살아 있다"라고 말씀하셨습니다. 누가복음 20장 27-40절입니다.

부활이 없다고 주장하는 사두개인 중 어떤 이들이 와서 물어 이르되 선생님이여 모세가 우리에게 써 주기를 만일 어떤 사람의 형이 아내를 두고 자식이 없이 죽으면 그 동생이 그 아내를 취하여 형을 위하여 상속자를 세울지니라 하였나이다 그런데 칠 형제가 있었는데 맏이가 아내를 취하였다가 자식이 없이 죽고 그 둘째와 셋째가 그를 취하고 일곱이 다 그와 같이 자식이 없이 죽고 그 후에 여자도 죽었나이다 일곱이 다 그를 아내로 취하였으니 부활 때에 그중에 누구의 아내가 되리이까 예수께서 이르시되 이 세상의 자녀들은 장가도 가고 시집도 가되 저 세상과 및 죽은 자 가운데서 부활함을 얻기에 합당히 여김을 받은 자들은 장가 가고 시집 가는 일이 없으며 그들은 다시 죽을 수도 없나니 이는 천사와 동등이요 부활의 자녀로서 하나님의 자녀임이라 죽은 자가 살아난다는 것은 모세도 가시나무 떨기에 관한 글에서 주를 아브라함의 하나님이요 이삭의 하나님이요 야곱의 하나님이시라 칭하였나니 하나님은 죽은 자의 하나님이 아니요 살아 있는 자의 하나님이시라 하나님에게는 모든 사람이 살았느니라 하시니 서기관 중 어떤 이들이 말하되 선생님 잘 말씀하셨나이다 하니 그들은 아무것도 감히 더 물을 수 없음이더라

누가복음 20장 38절을 새번역으로 살펴보면 이렇습니다.

하나님은 죽은 사람들의 하나님이 아니라, 살아 있는 사람들의 하나님이시다. 모든 사람은 하나님과의 관계 속에서 살고 있다.

하나님 안에서는 모든 사람이 살아 있다는 말씀입니다. 로마서 14장 7-9절에서도 사도 바울이 이와 같이 진술했음을 볼

수 있습니다.

> 우리 중에 누구든지 자기를 위하여 사는 자가 없고 자기를 위하여
> 죽는 자도 없도다 우리가 살아도 주를 위하여 살고 죽어도 주를
> 위하여 죽나니 그러므로 사나 죽으나 우리가 주의 것이로다 이를
> 위하여 그리스도께서 죽었다가 다시 살아나셨으니 곧 죽은 자와
> 산 자의 주가 되려 하심이라

저의 할아버지는 고인이 되었습니다. 그리고 성경에 나오는 아브라함도 이삭도 야곱도 고인이 되었습니다. 다 죽었습니다. 그런데 하나님 관점에서 본다면, 아브라함도 이삭도 야곱도 우리 할아버지도 모두 하나님과의 관계 속에서 살아 있습니다. 구약에는 부활에 관한 말씀이 나오지 않은 것 같으며 나와도 그 의미가 명확지 않기에 성경학자인 사두개파 사람들은 이것을 이해하지 못했습니다. 하지만 예수님은 분명히 말씀하셨습니다. 우리 이전에 죽은 '믿음의 사람들'은 다 살아 있습니다. 이것이 바로 "하나님에게는 모든 사람이 살았느니라"라는 말씀의 의미입니다.

이 말씀에는 또 다른 의미가 있습니다. 부활을 믿는 우리 신앙인의 미래에 대해서입니다. 우리도 육신적으로 모두 죽게 될 터인데 부활을 믿는 우리에게 이 죽음은 무엇입니까? 우리 몸과 영혼은 어떻게 됩니까? 예수께서 죽으신 후에 사흘 만에 변화된

부활체로 나타나셔서 40일을 제자들과 함께하셨습니다. 이 예수 그리스도께서 부활의 첫 열매가 되셨습니다. 예수 그리스도의 부활을 믿는 신앙인들은 그리스도 안에서 이제 죽으나 살아 있으나 그리스도와 함께 이미 영원한 삶, 내세의 삶을 시작하여 살고 있다는 것입니다. 즉 하나님의 관점에서 본다면, 우리는 육체적인 죽음 이후에도 살아 있다는 뜻입니다. 이것이 바로 "하나님에게는 모든 사람이 살았느니라"라는 말씀에 담긴 의미입니다.

이슬람교도 부활을 믿고 있습니다. 꾸란에 의하면 알라가 세상을 창조하고 아담과 이브를 만들었습니다. 그리고 그들에게 유한한, 생명의 유예기간을 주고, 죽고 부활하게 한다고 합니다. 꾸란 7장 25절에는 "지상에서 너희가 살고 그곳에서 너희가 임종할 것이며 그곳으로부터 너희가 부활되리라"라고 합니다. 구원의 방법은 알라에 대한 믿음과 그들의 행위를 통해서입니다.

그런데 무슬림들에게 결정적인 문제가 있습니다. 바로 이싸(Isa), 즉 예수 그리스도에 대한 그들의 신앙이 완전히 왜곡되어 있다는 것입니다. 무슬림들에게 예수님은 십자가에서 죽지도 않았고 부활하지도 않았습니다. 예수님에 대한 핵심 요소가 모두 빠지고 왜곡되어 있습니다. 이것이 이슬람권 최대의 아이러니이자 안타까운 일입니다. 그들이 말하는 최후의 선지자 무함마드가 받은 꾸란은 성경적 진리에서 벗어나 있습니다. 예수 그리스도밖에는 죽음 문제를 해결할 길이 없습니다.

'나는 어떻게 죽을까?' 하고 생각해 보았습니다. 가장 높은 확률은 심근경색, 암 등의 질병으로 인한 자연사입니다. 저에게는 심근경색의 가족력이 있고, 현재 암 사망률이 높기 때문입니다. 그다음은 차나 비행기 사고 같은 교통사고 또는 선교지에서 테러를 당해 죽는 것입니다.

여러분은 어떻게 죽음을 맞을지 생각해 본 적이 있습니까? 사실 우리 모두는 형태는 약간 다르지만 육체적으로는 누구나 죽음을 맞이하게 됩니다. 노인성 질병으로, 아니면 불의의 사고로 죽음을 맞을 수 있습니다. 그런데 개인적으로, 육체적으로 이렇게 죽음을 맞이하더라도 확실한 것은 하나님 안에서 우리의 영적인 생명, 인격, 품격, 마음, 정신, 영혼의 삶은 죽지 않는다는 사실입니다. 하나님 안에서 우리는 아주 새로운 삶을 지속할 것입니다. 우리 중에 아무도 경험하지 못했기 때문에 알 수 없지만, 성경이 그렇게 말씀합니다.

예수 그리스도의 십자가를 통한 죽음 이해

죽음은 어디에서 시작되었습니까? 사망은 무엇 때문에 생겼습니까? 신구약 성경, 하나님의 말씀은 인간의 대표성을 지닌 한 사람 아담에게서 죽음이 시작되었다고 합니다. 아담이 죄를 지었기 때문이라고 말씀합니다. 성경이 말씀하는 아담의 죄는 무엇입니까? '죄'는 과녁을 벗어났다는 뜻인데, 하나님을 신뢰하지 않음과 불순종을 말합니다.

한 사람 아담의 범죄와 불순종으로 말미암아 모든 사람에게 사망과 죽음이 왕 노릇하게 되었습니다. 이것을 '대표성의 원리'라고 합니다. 억울하고 분한 사람도 있을 수 있습니다. 하지만 이 대표성의 원리 때문에 좋은 일이 벌어졌습니다. 한 사람 예수 그리스도의 의와 순종으로 말미암아 모든 사람에게 생명이 왕 노릇하게 되었기 때문입니다. 이것도 대표성의 원리라고 합니다. 예수님의 십자가와 부활이 나의 죄 때문임을 받아들이는 사람에게는 죽음의 저주가 풀어지고 생명과 영원한 삶이 보장됩니다. 이를 '동일시의 원리'라고 합니다. 예수 그리스도가 십자가에서 죽으심이 나의 범죄와 불순종의 값을 대신 지불하기 위함이요, 예수 그리스도가 사망을 이기고 부활하심이 나의 죽음을 없애고 생명을 주시기 위함임을 알고 여김을 동일시라고 합니다. 로마서 5, 6장이 바로 이 말씀을 합니다.

물로 세례를 받았습니까? 이미 동일시하신 것입니다. 그런데 우리는 매일 성령으로 세례를 받아야 하는데, 바로 이 동일시를 매일 새롭게 함이 성령으로 세례를 받는 것입니다. 예수 십자가의 죽음은 내 죗값을 치르신 것이요, 예수 부활은 죽음에서 생명으로 옮기신 것입니다.

적용하기

◈ 가까운 사람의 죽음을 목격하거나 경험한 적이 있나요? 그때 어떤
느낌을 받았고, 그 죽음은 지금 내게 어떤 의미가 있나요? 또한 기억
에 남는 장례식이 있나요?

◈ 영화 〈엔딩노트〉(Ending Note, 2011)를 보고 나만의 엔딩노트를 작성
해 보세요.

◈ 러시아 톨스토이의 단편소설 가운데 가장 훌륭한 작품인 《이반 일리
치의 죽음》을 읽고 다음 질문에 답해 보세요.

① 이반의 아내는 이반의 죽음에 어떻게 반응합니까?

② 죽어 가는 이반이 가장 믿고 의지한 사람은 누구이며 그 이유는 무엇입니까?

③ 이반은 죽음을 어떻게 바라보고, 죽음 앞에서 자신의 삶을 어떻게 평가합니까?

◈ 기독교인의 죽음과 관련해 여러 분야에 대한 생각을 적어 보세요.
(예: 불교, 유교, 민간신앙, 이슬람 등의 타종교와 기독교의 죽음 이해의
차이, 각 종교의 장례식 비교, 기독교 장례식에 대한 생각, 바른 죽음 문
화를 위한 제안 등은 무엇인지 등.)

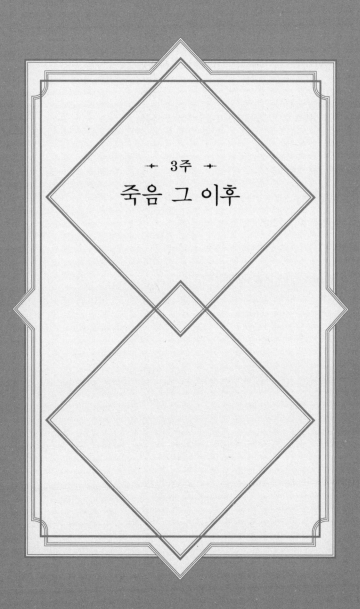

3주

죽음 그 이후

생각하기

◈ 영화 〈히어애프터〉(Hereafter, 2010)를 본 후 다음 질문에 답해 보세요.

① 죽음 이후에 대해 무엇을 말하고 있습니까?

② 근사체험에 대해 어떻게 생각합니까?

③ 영원불멸에 대해 어떻게 생각합니까?

죽음 이후를 대하는 태도

기독교인 가운데 지난 모든 삶에 만족하는 사람들이 얼마나 될까요? 신실한 기독교인 중에도 실망하는 사람들이 많습니다. 이유는 여러 가지일 수 있습니다. 자신의 실수 때문에, 시대나 상황이 좋지 않아서, 다른 사람의 어떤 행동으로 인해서 그럴 수 있습니다. 특히 '나이 듦에 대한 태도'도 인생을 바로 보는 데 매우 중요한 이유라고 생각합니다.

여러분은 나이가 들면서 미래를 어떻게 바라보고 있습니까? 어떤 분은 중년, 노년이 되면 더 이상 미래가 없다고 봅니다. 정말일까요? 나이가 들어 죽음이 찾아오면 삶이 끝날까요? 미래의 실체를 바로 알아야 합니다. 그래야 미래의 실체에 부합하는 선택을 하게 됩니다. 그래야 현재의 삶이 무엇인지도 바로 인식할 수 있습니다.

죽음 이후 미래가 있는가?

죽음 이후의 미래는 정말 있을까요? 이 문제에 대해 인류는 유사 이래로 초미의 관심을 가져왔지만 사실 명확히 알 수는 없습니다. 죽음 이후는 항상 신비에 싸여 있습니다.

기독교 단체인 오스틴 연구소에서 2013년에 조사한 바에 의하면, 무신론자 중 32퍼센트는 사후 세계를 믿는다고 합니다. 종교가 없는 사람 중에 32퍼센트가 죽음 이후의 미래를 믿는다는 의미입니다. 뭔가 이상하지 않습니까?

교회에 다니는 기독교인들은 죽음 이후의 미래를 어떻게 생각할까요? 〈미주 중앙일보〉가 2012년에 조사한 발표에 의하면, 미국의 한인교회 성도들 중 30퍼센트는 미래의 천국을 믿지 않고, 43퍼센트는 지옥을 믿지 않는다고 합니다. 무신론자도 천국과 지옥을 믿는 사람이 10명 중에 3명이나 되는데, 기독교인 10명 중에 3-4명은 죽음 이후에 천국과 지옥이 있음을 믿지 않는 것입니다.

아주 단순하게 확률적으로만 생각해 보면, 천국과 지옥이 있을 확률은 50대 50입니다. 여기에서 경우의 수는 4개밖에 없습니다. 첫 번째와 두 번째의 경우는 이렇습니다. 만약 우리가 미래를 없다고 믿고 천국과 지옥도 없다고 믿었는데 진짜 없으면 그것으로 그냥 끝입니다. 손해도 없지만 어떤 유익도 없습니다. 그런데 우리가 천국과 지옥이 없다고 믿었는데 실제로 있다면 이것은 큰 낭패입니다. 손해 100퍼센트입니다. 반대로 세 번째와 네 번째의 경우는 이렇습니다. 만약 우리에게 미래가 있다, 즉 천국과 지옥도 분명히 있다고 믿었는데 실제로 없으면 유익도 없지만 특별히 손해 볼 것도 없습니다. 그냥 끝이니까요. 하지만 천국과 지옥이 있다고 믿고 착실히 준비했는데 실제로 있다면 이것은 우리가 인생을 살면서 가장 잘한 일입니다. 가장 확실한 투자를 한 셈입니다. 100퍼센트 이상의 유익입니다.

이 4가지 경우는 우리가 어떤 선택을 해야 할지 논리적으로 아주 단순하지만 확실하게 보여 줍니다. 무슨 어려운 수학 공식이나 물리 법칙이 아닙니다. 조금만 생각해 보면 됩니다. 4가지 경우 중에서 마지막 경우인 죽음 이후의 천국과 지옥의 미래를 믿고 준비하는 것밖에 다른 좋은 길은 없습니다. 물론 어떤 사람은 죽은 후에 천국과 지옥이 있든지 없든지 나하고는 상관이 없다, 골치 아프니 그냥 살겠다고 합니다. 또한 천국과 지옥은 인간의 무지가 만들어 낸 것들이라며 무시하는 사람도 있습니다. 사실은 이렇게 천국과 지옥에 무관심하고 무시하는 사람들이 가장 많은 것 같습니다.

그런데 천국과 지옥에 대해 무관심하고 무시하는 사람들이 한 가지 진지하게 생각해야 할 문제가 있습니다. 자기 자신도 반드시 죽는다는 사실입니다. 죽음 이후에 대한 무관심과 무시는 결코 현명한 태도가 아닙니다. 철학, 종교, 문학, 예술 등 인류 역사의 모든 현명한 분야에서 수많은 사람들이 죽음과 죽음 이후를 고민하며 해답을 찾고자 노력하고 있습니다. 죽음과 죽음 이후를 진지하게 연구하고 선택하고 받아들이는 것이야말로 지혜롭고 현명하고 합리적인 태도입니다.

불멸에 대한 4가지 태도

영국의 스티븐 케이브라는 학자가 쓴 《IMMORTAL 불멸에 관하여》라는 책이 있습니다. 유튜브 영상을 단시간에 170만명이 시청하면서 화제가 된 TED 강연을 엮은 책입니다. 이 책은인류가 지금까지 죽음 이후에 대해 취해 온 여러 태도를 설명합니다. 저자는 무신론자로서 철저히 유물론적 사고방식으로 제시하고 있어 기독교 신앙에는 별 도움이 되지 않지만, 죽음 이후를대하는 태도를 살펴보기 위해 소개하려고 합니다.

첫째, 인류가 추구한 불멸의 길은 가장 단순한 형태입니다.이것은 사람의 본능 속에 있어 왔다고 말합니다. 그래서 신화로,전설로, 이야기로 우리에게 전해졌습니다. 회춘하기 위해 노력하고 불로초를 얻기 위해 온 세상을 찾아다녔습니다. 이것은 고대 이집트, 바벨론, 인도, 유럽, 중국 등 어디에서나 볼 수 있었습니다. 사람은 본능적으로 죽음을 회피하고자 하는데, 결국 죽음을 회피하려는 사람의 갈망이 불멸이라는 열망을 갖게 했다는것입니다. 스티븐 케이브는 불멸을 육체적 생존이라고 지칭하며, 우리 속에 살고자 하는 갈망을 '불멸'이라고 설명합니다. 그래서 수많은 사람들이 이 땅에 살면서 좀 더 건강하고 젊어지기위해 온갖 시도를 합니다. 진시황도 불로초를 얻기 위해 갖은 노력을 다했지만 결국에는 죽었습니다.

둘째, 불멸의 길은 정신적인 것이라고 이야기합니다. 사람이 죽으면 육체는 썩지만 영혼은 영원히 산다고 믿는 태도입니다. 사람의 마음, 사람의 영혼은 불멸한다고 믿습니다. 육체가 아닌 우리의 이성과 영혼은 영원히 산다고 보는 것입니다. 마음이 사람의 정수로서 하늘의 아바타라고 말합니다. 오늘날 발전하는 신경과학에서는 사람의 마음이 육체 어딘가에 있지만, 죽으면 마음은 의미 있는 존재가 되어 영원히 죽지 않고 산다고 생각합니다.

셋째, 불멸의 길은 유산이라고 말합니다. 우리가 다음세대에 남겨 줄 유산을 가리킵니다. 유산은 무엇인가요? 자신이 죽었을 때 이 세상에 남긴 생명의 흔적과 메아리입니다. 사람은 죽어 없어졌지만 메아리는 남아서 계속 사람들의 심금을 울립니다. 〈불멸의 이순신〉이라는 영화를 보셨는지요? 이순신은 죽었지만 그가 남긴 메아리는 이 영화를 통해 살아나서 우리 가슴속에 공명되어 메아리칩니다. 그래서인지 오늘날 많은 사람들이 자기의 이름을 남기려고 애씁니다. 디지털 시대를 사는 우리에게 명성이란 무엇일까요? 특이한 요리, 쉬운 요리, 재미난 요리만 잘해도 대단한 명성을 얻습니다. SNS에서는 웃기는 고양이 한 마리가 대단한 관심을 받기도 합니다. 하지만 인류가 추구해 온 불멸의 노력들이 이처럼 다양했음에도 실제적이지는 못했습니다.

스티븐 케이브는 기독교의 부활에 관해서도 설명합니다. 인간의 불멸의 길 중 하나로 기독교 부활을 예로 들며 예수님의 죽으심과 부활하심을 말하고 있지만, 부활에 대해 오해하고 있음을 알 수 있습니다. 지금부터 3000년 전에 이집트에서는 불멸에 대한 욕구가 있었습니다. 파라오를 비롯한 당시 권력자들은 자신들의 무덤으로 피라미드를 만들고, 다양한 과학과 신비로운 자연의학을 동원해 자신의 몸을 그대로 보존하려고 미라를 만듭니다. 스티븐 케이브의 논지는 이런 미라가 된 파라오와 권력자들의 몸이 다시 살아난들 과연 어떤 의미가 있는가 하는 것입니다. 그 몸으로 다시 살아나서 산다고 한들 과연 감격과 환희가 있겠느냐, 도리어 끔찍한 공포영화가 되지는 않겠느냐고 반문합니다. 과연 부활이 어떤 의미인지 의문을 제기합니다. 썩어 가는 몸, 해를 입은 몸이 다시 살아나서 부활한들 무슨 의미가 있겠느냐고 묻습니다.

스티븐 케이브뿐만 아니라 유명 학자들 중에도 성경의 진리를 이렇게 잘못 설명하는 경우가 있습니다. 성경에서는 죽음 이후에 다시 부활할 때 신령한 몸, 변화된 몸으로 살아난다고 말씀합니다.

성경학자 달라스 윌라드는 《하나님의 모략》에서 이렇게 설명합니다. 소위 '죽음'이라는 단계를 지나갈 때 우리 몸은 그 기능을 상실해 가고 대신 영혼이 새로운 질서를 맞이할 준비를 한다고 합니다. 그러나 그 과정에서 우리는 자아에 대한 의식을 잃지 않습니다. 다른 이들에 대한 지식과 모든 관계도 그대로 남습니다. 하지만 더 이상 현재의 몸과 물리적 환경을 매개로 하지 않을 뿐입니다. 우리의 존재는 중요한 세부사항이 달라지긴 했지만, 우리의 특성은 현재의 모습과 근본적으로 다르지 않을 것입니다. 현재의 인격으로서 지금 우리가 지닌 삶은 죽음 이후에도 계속될 것입니다. 앞으로의 우리는 현재의 몸을 의지하는 한계를 벗어나 규모와 능력이 훨씬 큰 경험을 하게 될 것입니다.

예수께서 부활하신 후에 40일 동안 이 땅에 사셨습니다. 그때 예수님은 신령한 몸으로 변화되어 있었습니다. 그리고 여기저기 여러 사람에게 나타나셨습니다. 다락방에 숨어 두려움에 휩싸인 제자들에게 나타나셨습니다. 문으로 들어오신 것이 아닙니다. 엠마오로 가는 두 제자에게 나타나셨습니다. 두 제자와 많은 이야기를 나누셨고 함께 식사하기 위해 축사하고 빵을 나누고는 갑자기 사라지셨습니다. 갈릴리로 돌아가서 밤새 그물질을 했지만 고기를 잡지 못한 제자들에게 새벽에 갑자기 나타나, 배 오른편에 그물을 던지라고 말씀하시고 물고기를 많이 잡게 하셨습니다. 그리고 그곳에서 제자들과 숯불을 피우고 생선을 구워 아침 식사를 하셨습니다. 한번은 500여 명이 모인 곳에 나타나셔서 모두가 신령한 몸을 한꺼번에 보았습니다.

죽음 그 이후: 근사체험

네덜란드에서 심리상담소를 운영하는 엘리 무르만은 근사체험자입니다. 1978년, 27세였던 그녀는 둘째아이를 분만하던 중 평생 잊을 수 없는 강렬한 경험을 했습니다. 자신의 육체로부터 벗어나 다른 곳으로 빠져나가는 체험이었습니다.[12]

엘리 무르만은 터널 같은 곳을 통과해 자신을 기다리고 있던 아버지의 손을 잡고 아름다운 곳을 걸었습니다. 그곳은 알프스 목초지처럼 눈부신 꽃들로 가득했고, 아름다운 음악도 들려왔습니다. 그녀는 형언할 수 없는 사랑과 따스함을 느꼈습니다. 그곳은 상상했던 천국보다 더욱 아름다웠습니다. 그 길 끝에는 아름다운 빛이 비치고 있었습니다. 그들은 그 빛을 향해 함께 걸어갔습니다.[13]

엘리 무르만처럼 의학적으로 죽음을 선고받은 후에 다시 살아난 사람들을 '근사체험자'라고 합니다. 근사체험을 뜻하는 'Near-Death Experience'라는 말은 미국의 철학박사이며 정신과 의사인 레이먼드 무디 주니어(Raymond A. Moody, JR.) 박사가 그의

---

12 EBS MEDIA·EBS 데스 제작팀, 《EBS 다큐프라임 죽음》(책담, 2014), 95쪽.
13 앞의 책.

저서인《삶 이후의 삶》(Life After Life)에서 처음 사용하기 시작했습니다.

《삶 이후의 삶》에 실린 근사체험자의 사례들을 이어서 소개해 봅니다. 사망 판정을 받은 직후 심폐소생술로 회생한 어느 환자는, 소생술의 전 과정을 바로 옆에서 지켜본 것처럼 기억하고 있었습니다. 심지어 환자가 한동안 회생의 기미를 보이지 않자 처치를 담당한 의료진이 "한 번만 더 시도해 보고 안 되면 포기합시다"라면서 소생술의 지속 여부를 논의한 대화까지 정확히 기억했습니다. 또 다른 사례에서는 의료진이 심폐소생술을 하는 과정에서 환자의 틀니를 뽑아 책상 서랍에 넣고 응급처치를 했는데, 환자가 소생해서는 자신의 책상 두 번째 서랍에 있으니 꺼내 달라고 말했습니다.[14]

근사체험은 체험자 자신에게는 신비롭고 놀라운 경험이기 때문에 평생 잊지 못할 영향을 끼칩니다. 하지만 가족을 비롯한 주변 사람들은 이를 쉽게 받아들이지 못합니다. 많은 의학자, 과학자들도 근사체험에 회의를 품고 저마다 다르게 설명합니다.

---

14   정현채, "근사체험의 의학적 연구(1)"에서 '죽음, 또 하나의 시작' 항목. http://navercast.naver.com/contents.nhn?rid=275&contents_id=63544

현대인들에게 "뇌가 곧 의식인가?"라는 질문을 던지면 아마 대부분이 그렇다고 대답할 것입니다. 심장이 멎으면 뇌로의 혈액순환이 일어나지 않아 10-20초 후에는 뇌파가 기록되지 않습니다. 즉 뇌의 활동이 없는 것입니다. 과학이나 의학은 "뇌가 의식을 만들어 낸다"는 입장을 갖고 있기 때문에, 뇌의 활동이 중단된 상태에서 무언가를 보고 듣는 체험이나 기억은 있을 수 없다고 보아 왔습니다. 그런데 근사체험은 그처럼 뇌의 활동이 없을 때 일어나는 것이므로, 과학자나 의사들로서는 받아들이기 몹시 불편한 현상이라고 할 수 있습니다. 그래서 신경외과에서 간질을 치료하기 위해 뇌수술을 할 경우 뇌의 측두엽에 전기 자극을 가하면 환자가 빛 같은 것을 보기도 하고, 저산소증이나 마취제, 환각제 등 약물을 투여할 경우에도 비슷한 경험을 하기 때문에, 근사체험은 '뇌 기능이 마비되기 직전에 일어나는 환상'이라고 합니다.[15]

그러나 근사체험을 연구하는 학자들은 이렇게 반박합니다.

약물이나 물리적 자극에 의한 환상의 경우에는 기억이 조각나 일정치 않고 정리가 되어 있지 않으며, 자신의 삶을 되돌아보는 회

---

15   앞의 글.

고 과정이 동반되지도 않습니다. 또한 근사체험 이후 공통적으로 일어나는 삶의 심대한 변화도 없고, 죽음에 대한 두려움이 없어지지도 않습니다. 게다가 환각제로 인한 체험은 기괴하고 공포스러운 경우가 많습니다.[16]

네덜란드 심장전문의 핌 반 롬멜 박사 역시 근사체험이 단지 뇌 기능으로 인한 착각이나 환각에 불과한 것이 아니라고 주장합니다. 롬멜 박사에 의하면 의식은 뇌 기능으로 인한 산물이 아닙니다. 그에게 '의식'이란 장기간 동안 장소에 구애받지 않은 채 지속될 수 있는 것입니다. 그래서 특정한 위치에 있지도 않고, 과거와 관련된 모든 것뿐 아니라 미래의 사건들에 대해서도 근사체험을 통해 접근이 가능합니다. 근사체험에는 시간도 공간도 없으며, 근사체험자들은 고작 몇 분 안에 발생하는 사건으로 인생 전체가 바뀌는 경험을 하게 됩니다.[17]

의학적으로 사망 선고를 받은 사람들이 더 이상 뇌파가 움직이지 않는 상태에서 의식을 가지고 특별한 경험을 한 후, 다시 깨어나 그 경험을 기억하여 말하는 일이 과연 가능할까요?

---

16   앞의 글.

17   EBS MEDIA·EBS 데스 제작팀, 《EBS 다큐프라임 죽음》, 123쪽.

뇌가 멈추면 뇌가 기억하는 일도 불가능하지 않을까요?[18] 바로
이것이 근사체험의 비밀을 풀 수 있는 가장 큰 실마리입니다.
이것은 '의식'과 '기억'의 문제입니다. 근사체험에 관한 주장은
뇌가 기능을 멈춘다 하더라도 기억할 수 있는 의식이 있다는 것
이 가장 큰 관건입니다. 그리고 이 점이 과학자들이 밝혀 내야
할 부분입니다.[19]

1823년 창간된 〈란셋〉(The Lancet)은 유서 깊고 권위 있는 의
학 학술지로, 자연과학계의 〈네이처〉(Nature)나 〈사이언스〉(Science)
에 필적한다고 할 수 있습니다.[20] 이곳에 근사체험자들을 대상으
로 한 연구 결과가 실린 것은 주목할 만한 일입니다.

이전까지 근사체험 연구는 체험자들을 사후에 수소문해 방문하
는 이른바 '후향적' 연구였는데, 체험자의 기억에 한계가 있고 연
구자의 선입견에 따라 오류가 개입될 가능성이 많았습니다. 이에
비해 네덜란드의 연구는 근사체험에 관한 최초의 '전향적' 연구로
서, 병원 관계자들과 충분한 사전 협의를 거친 뒤, 심폐소생술의
성공 사례가 발생하면 곧바로 환자를 방문해 인터뷰를 했기 때문

---

18   앞의 책, 124쪽.
19   앞의 책, 124쪽.
20   정현채, "근사체험의 의학적 연구(1)".

에, 후향적 연구보다 신뢰성이 훨씬 높다고 할 수 있습니다.[21]

네덜란드의 연구자들은 10개 병원에서 사망 판정을 받은 직후 심폐소생술로 다시 살아난 344명을 조사하여 18퍼센트인 62명이 근사체험을 했다는 사실을 발표했습니다. 이때 체험의 공통적인 요소를 10가지로 정리하였습니다. 여기서 말하는 10가지의 체험 요소는, 자신이 죽었다는 인식(50퍼센트), 긍정적인 감정(56퍼센트), 체외이탈 경험(24퍼센트), 터널을 통과함(31퍼센트), 밝은 빛과의 교신(23퍼센트), 색깔을 관찰함(23퍼센트), 천상의 풍경을 관찰함(29퍼센트), 이미 세상을 떠난 가족 및 친지와의 만남(32퍼센트), 자신의 생을 회고함(13퍼센트), 삶과 죽음의 경계를 인지함(8퍼센트)입니다.[22]

근사체험은 죽음교육에서 중요한 화두 가운데 하나입니다. 기독교적인 관점에서 비판적으로 접근해야 할 주제이지만, 과학자들과 의학자들이 여기에 관심을 가지고 연구하는 것은 고무적인 일입니다.

---

21   앞의 글.
22   앞의 글.

근사체험을 의학적으로 바르게 이해함으로써 의사가 환자를 잘못 인식하는 일을 줄일 수 있다고 생각합니다. 동시에 '인간 의식'을 다루는 과학자들이 열린 마음으로 진일보해야 할 필요성을 느낍니다. 근사체험자들의 경험과 근사체험에 대한 체계적인 연구는 죽음을 이해하기 위한 귀중한 자료가 될 것입니다.

성경이 말하는 죽음 그 이후

고린도후서 12장 1-4절은 죽음 이후에 대해 아주 좋은 통찰력을 제공합니다. 먼저, 죽은 후에 가게 될 장소가 구체적으로 존재한다고 말씀합니다. 고린도후서 12장 2절을 보겠습니다.

내가 그리스도 안에 있는 한 사람을 아노니 그는 십사 년 전에 셋째 하늘에 이끌려 간 자라 (그가 몸 안에 있었는지 몸 밖에 있었는지 나는 모르거니와 하나님은 아시느니라)

이 체험은 언제 일어났습니까? 고린도후서를 주후 55-56년에 기록된 것으로 보면, 14년 전인 주후 약 42년경에 일어난 것입니다. 사도 바울의 영적인 체험은 구체적인 시공간 속에서 일어났습니다. 이때 사도 바울은 고향 다소 혹은 수리아 안디옥

교회에 있었으리라 추정됩니다. 바나바와 선교여행을 떠나기 바로 전입니다. 말씀에 의하면, 사도 바울은 역사적으로 시공간이 확실한 체험을 했으며 그가 방문한 장소 역시 확실한 내용으로 소개했습니다.

사도 바울이 이끌려 간 천국은 '셋째 하늘'이라는 특정한 장소로서 구체적으로 존재하는 곳입니다. 그렇다면 셋째 하늘은 어디입니까? 셋째 하늘은 하나님이 거하시는 초월적인 장소를 상징한 표현으로 볼 수 있습니다. 기독교 변증가인 안환균 목사는 다음과 같이 설명합니다.[23] 구체적으로 성경에서 말씀하는 '하늘과 하늘들의 하늘 즉 가장 높은 하늘'(왕상 8:27; 대하 2:6; 느 9:6; 시 148:4)을 의미합니다. 이 셋째 하늘을 바울은 다시 '낙원'이란 말로 표현하는데, 헬라어 원어로 '파라데이소스'(παραδεισος)란 단어를 사용했습니다.

안환균 목사는 기독교에서는 지구를 중심으로 세 종류의 하늘이 있다고 정리합니다. 첫째 하늘은 구름이 떠 있고 새나 비행기가 날아다니는 하늘(Sky)입니다. 공기가 있는 지구상의 대기권을 가리킵니다. 둘째 하늘은 대기권 바깥의 우주 공간(Space)입

---

23 안환균, "영원한 삶: 변증전도에 어떻게 적용할 것인가?", 〈기독교포털뉴스〉, http://www.kportalnews.co.kr/news/articleView.html?idxno=13404

니다. 수많은 별들, 곧 행성과 항성들이 있는 곳입니다. 그다음 셋째 하늘이 바로 우주 바깥의 세계, 즉 천국(Heaven)입니다. 예수께서는 십자가에서 죽으시고 부활하신 후에 이 셋째 하늘로 올라가셨습니다. 예수 믿고 죽은 성도들이 가는 천국도 바로 이 셋째 하늘입니다.

그렇다면 지옥은 어디에 있습니까? 성경 말씀에 의하면, 현재 지옥은 우리가 거주하는 이 지구에 있으며, 땅 속에 있다고 기록하고 있습니다. 대표적으로 민수기 16장 30-33절을 보면 모세에게 반역한 고라와 고라 자손이 땅이 갈라져 스올에 빠지고 땅이 그들을 덮었다고 말씀합니다. 그 외에 시편 63편 9절, 이사야 26장 19절, 에스겔 26장 20절에도 땅 아래에 지옥이 있다고 말씀합니다. 예수께서도 요나의 죽음에 대해 말씀하시면서 자기 자신도 역시 죽은 후에 땅 속에 있을 것이라고 말씀하셨습니다(마 12:40 참고).

다음으로, 죽음 이후에 몸을 떠난 영혼도 의식을 가진 존재라고 설명합니다. 고린도후서 12장 3, 4절을 보겠습니다.

내가 이런 사람을 아노니 (그가 몸 안에 있었는지 몸 밖에 있었는지 나는 모르거니와 하나님은 아시느니라) 그가 낙원으로 이끌려 가서 말로 표현할 수 없는 말을 들었으니 사람이 가히 이르지 못할 말이로다

이 본문 말씀에 의하면 사도 바울은 자신의 상태가 몸과 영혼이 분리된 상태인지, 분리되지 않은 상태인지 잘 모른다고 합니다. 하지만 하나님은 아신다고 이야기합니다. 즉 셋째 하늘인 천국에 몸에서 분리된 영혼이 갈 수도 있고, 몸과 영혼이 함께 갈 수도 있다고 전하고 있습니다.

여기서 조심스럽게 추측해 볼 부분은 사도 바울의 임사체험입니다('Near-Death Experience'를 의학계에서는 '근사체험'으로 종교계에서는 '임사체험'으로 번역하여 사용함). 오늘날처럼 의학이 발달하지 않은 당시로서는 매우 희귀하고 기적적인 체험이지만, 오늘날의 관점에서 본다면 체외 이탈을 경험한 듯 보이는 표현을 쓰고 있습니다. 성경에는 이 본문과 비슷하게 영혼이 육체를 빠져나가는 현상을 말씀하는 구절들이 있습니다.

욥기 19장 26절에서 욥은 "내 가죽이 벗김을 당한 뒤에도 내가 육체 밖에서 하나님을 보리라"라고 말합니다. 마태복음 27장 50절에서는 예수께서 십자가에서 고난당하신 후에 돌아가시는 순간을 이렇게 묘사합니다. "예수께서 다시 크게 소리 지르시고 영혼이 떠나시니라." 여기서도 사람이 죽은 후에는 영혼이 그 사람의 몸에서 떠난다는 점을 확실하게 말씀하고 있습니다.

그런데 셋째 하늘인 낙원에 이끌려 간 사도 바울은 말할 수 없는 말을 들었다고 했습니다. 사도 바울의 청각 기능이 살아 있음을 알 수 있습니다. 그리고 사도 바울이 말할 수 없는 말을 들

었다고 표현했는데, 이것은 사도 바울이 몸 밖 경험의 상태에서
도 모든 상황을 판단할 수 있는 상태임을 보여 줍니다. 또한 어
떤 감정을 느낄 수 있는 정서 기능도 갖고 있음을 알 수 있습니
다. 죽음 이후 낙원에 가서도, 현재의 삶의 의식과 활동은 지속
될 것이며, 육체적인 한계를 벗어나서 규모와 능력 면에서 더욱
큰 경험을 하게 될 것입니다.

성경이 말하는 죽음 이후를 믿을 수 있는가?

사람에게 정말로 영혼이 존재하는가? 이 영혼은 정말로 죽
지 않고 영원히 사는가? 이 문제는 지속적으로 논쟁이 되고 있
습니다. 심지어는 기독교 내에서도 서로 의견이 일치하지 않는
이슈입니다. 하지만 성경은 사람이 하나님의 형상대로 창조되
었으며 예수 그리스도를 통해 구속받아 하나님의 형상이 회복된
사람은 영원히 살고 죽어도 산다고 말씀합니다. 문제는 이 성경
을 믿느냐는 것입니다. 다시 말하면 이 성경을 최종 권위로 받아
들이느냐 하는 것입니다.

얼마 전 어떤 신실한 목사님 부부와 대화를 나누던 중에 사
모님이 어떻게 예수님을 믿게 되었는지 들었습니다. 저는 속으
로 굉장히 놀랐습니다. 왜냐하면 사모님은 성경을 읽다가 스스

로 논리적으로 생각하여 깨달은 것인데 이 일에 역사하신 하나님의 은혜가 놀라웠기 때문입니다.

사모님은 사도행전에 나오는 성령의 역사와 여러 가지 사건들이 '정말일까? 믿어야 되나?'라고 생각하고 있었습니다. 그런데 마음 한구석에서 '그럼 학교에서 말하는 고구려·백제·신라의 삼국 역사나 고려·조선의 역사는 왜 믿어야 되냐?'라는 음성이 들리는 듯했다고 합니다. 생각해 보니 그랬습니다. 그래서 정말로 쉽게, 성경의 역사도 하나님의 말씀도 합리적이고 논리적으로 믿어졌다고 합니다.

성경을 논증하고 변증하는 학자들이 바로 이것을 설명합니다. 우리가 무엇을 인식하고 신뢰할 때에는 2가지를 논리적으로 중요하게 생각합니다. 이 2가지가 있어야 인식하고 믿는다고 말합니다. 첫째는 보고 듣고 오감을 사용하여 관찰하고 경험하여 얻는 지식입니다. 둘째는 직접 경험하는 지식은 너무 제한적이기 때문에 권위라는 제3의 인식이라는 방법을 사용합니다.

사모님이 스스로 생각하신, 고구려·백제·신라 삼국 역사를 우리는 체험하지 않았습니다. 하지만 국사학자들의 권위를 인정하고 신뢰하고 확신하는 것입니다.

IS에 의해 프랑스가 테러를 당하고 많은 사람이 무참히 살해당했다고 뉴스 매체에서 보도합니다. 우리가 직접 보지는 않았지만 우리는 프랑스, 미국, 한국 등의 언론 기관들의 권위를 인정하고 믿는 것입니다.

기독교의 권위는 성경입니다. 기독교인은 성경을 하나님의 말씀으로 보고 성경이 최종 권위를 갖고 있다고 믿습니다. 사실 조금만 성경을 배우면 성경의 권위는 국사학자들의 권위, 언론 기관들의 권위와는 비교할 수 없는 증거들을 확보하고 있음을 알게 됩니다. 이 최종 권위를 가진 성경이 죽음 이후에는 셋째 하늘인 낙원, 천국이 있다고 말씀합니다. 예수 그리스도를 믿고, 죄 사함을 받고, 하나님의 형상이 회복된 성도는 죽은 후에 이 천국에서 영원히 살게 됩니다. 예수님만이 죽음과 죄의 문제를 해결할 수 있는 유일한 길입니다. 예수님만이 천국으로 인도하는 유일한 분입니다.

적용하기

◈ 만약 내게 6-12개월이라는 제한적인 생이 주어진다면 어떤 삶을 살고 싶은지 적어 보세요.

◈ 고린도전서 15장을 읽어 보세요. 죽음 이후에 대해 무엇을 생각하게 됩니까? 성경은 죽음 이후에 대해 무엇들을 말하고 있습니까?

◈ 【부록 3】의 '나의 사망기'(obituary)를 작성해 보세요. 사망기는 약력을 붙여 신문에 싣는 사망 기사입니다. 나의 사망기를 3인칭 형식으로 미리 써 보면 객관적으로 자신을 바라보면서, 오늘을 사는 지혜와 삶의 의미를 깨닫게 됩니다. 나의 죽음은 어떤 모습일까요? 나의 사망기를 주위 사람과 나누어 보세요. 어떤 느낌을 받았나요?

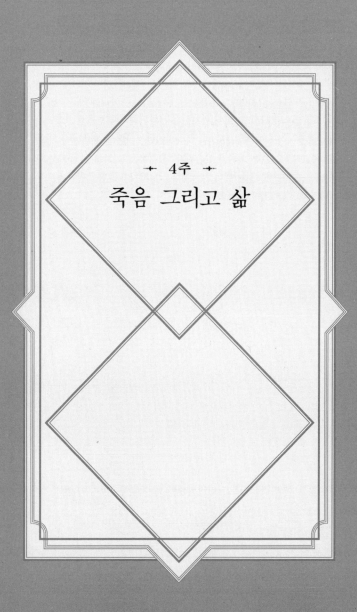

4주

죽음 그리고 삶

생각하기

◈ 〈백조의 노래〉(Swan Song)는 평소에는 노래하지 않는 백조가 죽기 전에 마지막으로 부르는 아름다운 노래를 말합니다. 그래서 유명한 음악가나 가수가 죽기 전에 부른 마지막 노래를 '스완 송'이라고도 합니다.

예수 그리스도께서 하나님의 독생자이고 십자가에서 죽으시고 부활하신 우리 구세주이며 바로 우리가 믿는 하나님이라면 예수님의 마지막 말씀, 스완 송은 매우 중요한 의미가 있습니다. 마태복음, 마가복음, 누가복음, 요한복음 그리고 사도행전에 나오는 예수님의 마지막 유언의 말씀들은 무엇입니까? 찾아서 적어 보세요.

죽음을 배우는 이유

제가 죽음학(Thanatology), 죽음교육에 관심을 갖게 된 계기가
있습니다. 먼저는 약 10년 전에 이슬람권의 T국에서 한 팀이 되
어 선교 사역을 한 동료 틸만이 살해당한 사건을 지켜보면서입
니다. 유서를 써 놓고 T국에 들어가 사역하고 있었지만 비슷한
또래인 틸만의 죽음은 저의 주의를 환기시켰습니다.

또 다른 하나는 몇 년 전 안식년에 한국에 갔다가 아내가 치
료를 받게 되면서부터입니다. 아내는 무릎의 전방 십자 인대를
교체하고 부인병 치료를 위해 수술하였고, 항암 치료와 방사선
치료를 하였습니다. 약 2년간 병원을 출입하며 죽음이 아주 가
까이 있음을 체험했습니다.

요즘 일부 학자들은 죽음학을 '생사학'(生死學)이라고 말합니
다. 다시 말해, 죽음을 배우는 일은 곧 삶을 배우는 일이라는 뜻
입니다. 죽음을 모르면 진정한 삶을 모르기 때문입니다. 그래서
죽음교육은 어린이, 청소년, 청년, 장년 모두에게 필요합니다.
학교에도 죽음교육이 도입되어야 하지만, 교회 역시 어릴 때부
터 체계적으로 교육을 받게 하여 한 번밖에 살지 못하는 일생을
어떻게 살아야 할지 가르쳐야 합니다.

죽음교육은 곧 삶의 교육입니다. 삶의 매 순간 죽음을 의식
하며 살도록 가르쳐야 합니다. 매 순간 죽음을 의식하면 삶이 비

관적으로 될 거라 생각하지만 오히려 반대입니다. 우리가 죽음을 의식하면 의식할수록 더 가치 있고 소중하고 하나님이 뜻하시는 영광스러운 삶을 살게 됩니다.

죽음에서 배우는 삶 1: '죽어야 삽니다'

죽음 문제에서 기독교는 인류의 어떤 종교보다 어떤 철학보다 분명한 설명과 해결책을 제시합니다.

인간을 대표하는 첫째 아담의 범죄로 인해 죽음의 현상은 즉각적으로 시작되었습니다. 아담의 범죄로 인해 인간은 총체적인 죽음을 경험했으며 지금도 경험하고 있습니다. 아담과 하와는 범죄 후에 곧바로 하나님을 피해 숨으며 하나님과의 관계가 단절되었습니다. 부부도 서로 책임을 전가하며 인간 상호 간의 관계가 단절되었고, 땅과 자연물이 저주를 받아 약육강식이 지배하는 살벌한 세상이 되었습니다. 총체적인 단절과 죽음을 맛보게 된 것입니다.

이 죄악과 죽음의 문제를 해결하기 위한 하나님의 역사를 구원 역사, '구속사'라고 합니다. 창세기부터 요한계시록까지, 하나님이 이 죄악과 사망에서 인간을 어떻게 구원하시는가를 말씀하고 있습니다. 애굽에서 종살이하던 이스라엘을 구원하기 위해 유월절 어린양의 피로써 죽음을 면하게 하셨습니다. 어린양이 죽고 그 어린양의 피 때문에 이스라엘은 허물과 죽음으로부터 구원받아 하나님의 백성이 되었습니다. 어린양이 죽음으로 이스라엘이 살았습니다.

때가 되어 예수님은 하나님의 계획대로 십자가에서 피를 흘리고 죽으셨습니다. 세상 모든 죄를 진 유월절의 어린양처럼 되셨습니다. 이제 예수님의 십자가와 보혈을 의지하는 사람은 죄악과 허물과 사망으로부터 구원받아 하나님의 자녀가 됩니다. 예수님의 죽음으로 인간이 살게 된 것입니다. 인간을 대표하는 둘째 아담인 예수 그리스도의 십자가 사건으로 우리의 죽음의 문제는 해결되었습니다. 이 사건이 하나님이 행하신 구속 역사의 완성입니다.

로마서 6장 6절은 예수님의 죽음을 말씀합니다. 우리의 죄와 죄의 삯인 사망의 문제를 해결하기 위한 하나님의 해결책이 바로 예수님의 십자가에서의 죽음입니다. 이 예수님의 피가 인류의 죄와 죽음의 문제를 해결합니다.

우리가 알거니와 우리의 옛 사람이 예수와 함께 십자가에 못 박힌 것은 죄의 몸이 죽어 다시는 우리가 죄에게 종노릇하지 아니하려 함이니 진실한 마음으로, 전인격적으로 예수를 믿고 받아들인 다음에는 세례를 받습니다. 예수의 이름으로 세례를 받은 사람은 예수와 함께 옛 사람이 죽으며, 이는 죄의 몸이 다시는 죄에게 종노릇하지 않게 하려 함입니다. 시공간을 뛰어넘어 예수의 십자가에서 자신의 죽음을 함께 경험하는 것입니다. 예수와 하나 되어 예수의 죽음이 곧 나의 죽음이 되는 사건입니다. 로마서 6장 3절을 보겠습니다.

> 무릇 그리스도 예수와 합하여 세례를 받은 우리는 그의 죽으심과
> 합하여 세례를 받은 줄을 알지 못하느냐

예수를 믿음은, 내가 죄와 죄책감 때문에 죽어야 하는데 예수께서 나를 대신해 십자가에서 죽으셨음을 믿는 것입니다. 어떤 사람은 찬송과 기도 중에 이 사실을 깨닫고, 어떤 이는 말씀을 읽다가 설교를 듣다가 특별한 사건을 통해 믿음을 갖게 됩니다. 여러분은 어떻습니까?

다음에 들려주는 이야기는 간증자와 선교사 그리고 다른 교회 지도자들이 검증한 내용입니다.

이슬람 국가의 외진 전통 마을에 이슬람 신비주의 수피즘의 스승인 이브라힘이란 사람이 살았습니다. 수천 명의 추종자들이 이브라힘을 찾아와서 영적인 인도와 건강을 위한 기도, 축

복 기도를 받았습니다. 그런데 이브라힘은 자기 자신의 구원에 대해 확신할 수 없어서 고민했고, 신에게 참된 구원의 길을 보여 달라고 기도했습니다. 어느 날 밤 이 문제를 놓고 기도하는데 흰 옷을 입고 빛으로 가득한 예수님이 나타나셨습니다. 그리고 어떤 마을로 가서 할아버지 이름은 이렇고 아버지 이름은 이런 사람을 만나 대화하라며, 그 집으로 가는 길을 환상으로 보여 주셨습니다.

이브라힘은 다음 날 새벽에 일어나 폭우를 무릅쓰고 65킬로미터나 떨어진 이 집을 버스를 타고 또 걸어서 찾아갔습니다. 집에 도착해 문에 들어서니 제이콥이라는 사람이 있었습니다. 무슬림 가운데 예수를 믿고 따르는 기독교 지도자였습니다. 이브라힘은 대화를 통해 제이콥이 바로 예수님이 만나라고 한 사람임을 알게 되었습니다. 제이콥에게 자신이 본 환상을 말하고 구원의 길을 알려 달라고 부탁했습니다.

기독교 지도자 제이콥은 꾸란과 성경 구절을 인용하면서 창조 이야기, 아담과 하와가 하나님께 불순종하여 죄를 범한 이야기, 그래서 어두움과 죄의 노예가 된 이야기, 가인과 아벨 이야기, 인간들에게 죄가 들어간 이야기, 노아의 홍수와 구원 이야기, 아브라함을 부르셔서 인간을 구원하시려는 하나님의 계획에 대한 이야기, 아브라함의 약속의 후손들 이야기, 다윗 이야기, 솔로몬과 그 아들들의 반역 이야기, 아브라함과 다윗의 약속의 자손이며 두 번째 아담인 예수님 이야기, 하나님의 아들이며 메시아인 예수님을 통한 인류 구원의 십자가 이야기, 이 예수님이 부활하셨고 지금은 하나님의 오른편에 앉으신 이야기를 해주었습니다.

제이콥은 주 예수님이 1969년에 자신에게 나타나셨고, 참된 구원의 길을 보여 주셨다고 이야기했습니다. 그러면서 복음서에 있는 이 말씀(요 14:6)을 찾아 읽어 주었습니다.

내가 곧 길이요 진리요 생명이니 나로 말미암지 않고는 아버지께로 올 자가 없느니라

이브라힘은 예수님을 즉시 믿었고 바로 세례 받기를 원했습니다. 하지만 제이콥은 기다리라고 권하면서, 집으로 가서 아내들과 자녀들 그리고 가까운 제자들에게 말하라고 했습니다. 그리고 자신이 2주 후에 이브라힘 집으로 찾아가겠다고 했습니다.

이브라힘은 집으로 돌아온 지 2주 후에 가족들과 핵심 제자 200여 명을 불러 모았습니다. 그리고 자기가 환상을 본 후 제이콥을 찾아간 이야기를 들려주었고, 구원의 길에 대해서는 제이콥이 설명하게 했습니다. 이브라힘의 제자들 역시 즉시 세례를 받기 원했지만, 이브라힘은 먼저 아내들과 자녀들에게 이 소식을 전하라고 했습니다. 몇 주가 지나고 다시 모였을 때 제이콥

은 이브라힘과 핵심 제자 200여 명에게 세례를 주었습니다. 그리고 핵심 제자들이 집으로 돌아가 아내와 자녀들에게 세례를 베풀도록 했습니다.

이슬람권에서 전해지는 이야기들 중 하나입니다.

죽음에서 배우는 삶 2: '날마다 죽어야 합니다'

성경은 사람이 죽은 후에는 천국 혹은 지옥에 가게 된다고 말씀합니다. 죽음 이후에 천국에 간다면 얼마나 기쁠까요? 완벽한 편의시설이 있는 최고급 호텔 같은 곳에서 무제한의 룸서비스를 받으며 영원히 지낼까요? 천국에는 기분 나쁘게 하는 사람, 거짓말쟁이, 음란한 사람, 멸시하는 사람, 분노하는 사람은 없겠지요?

우리 기독교 전통에는 죽음을 통과하여 천국에 가는 것만으로 인간의 성품이 바뀌게 된다는 개념이 널리 퍼져 있습니다. 하지만 성경 어디에서도 이런 생각의 근거를 찾을 수 없습니다. 만약 죽는 순간의 성품이나 인격으로 영원히 고정된다면 어떻게 될까요? 나의 미숙한 인격과 성품인 분노하는 마음, 욕하는 입, 툭하면 하는 거짓말, 음란한 마음은 어떻게 해야 할까요? 고린도전서 15장 31절을 보겠습니다.

형제들아 내가 그리스도 예수 우리 주 안에서 가진 바 너희에 대

한 나의 자랑을 두고 단언하노니 나는 날마다 죽노라

사도 바울은 바로 앞 절인 29절의 세례와 연관하여 자기는 날마다 죽는다고 고백합니다. 날마다 세례를 받는 것처럼 날마다 예수 안에서 (옛 사람은) 죽고 예수 안에서 새롭게 산다(새롭게 거듭난다)는 의미입니다. 우리는 날마다 세속적인 자기 자신을 부정해야 합니다. 옛 자아는 깨지고 부서지고 죽어야 합니다. 그래야 주님의 인격으로 새로워집니다. 그래야 주님의 성품을 닮아 가게 됩니다.

마태복음 5장의 산상수훈은 하나님 나라를 살아가는 제자가 지녀야 할 성품을 말씀합니다. 22절은 분노와 멸시에 대해 말씀합니다.

형제에게 노하는 자마다 심판을 받게 되고 형제를 대하여 라가라

하는 자는 공회에 잡혀 가게 되고

28절은 정욕을 추구하는 것에 대해 말씀합니다.

음욕을 품고 여자를 보는 자마다 마음에 이미 간음하였느니라

37절은 말장난이나 하고 정직하지 못한 모습에 대해 말씀합니다.

오직 너희 말은 옳다 옳다, 아니라 아니라 하라 이에서 지나는 것은 악으로부터 나느니라

39절은 앙갚음과 복수에 대해 말씀합니다.

악한 자를 대적하지 말라 누구든지 네 오른편 뺨을 치거든 왼편도 돌려 대며

예수 믿고 구원받은 그리스도인은 이제 예수님의 온전한 제자가 되어 인격과 성품을 바꾸어야 합니다. 그래서 우리는 이런 훈련에 돌입해야 합니다. 분노와 욕하는 감정을 벗어나는 법을 배우고 실천하는 3개월 훈련, 고의로 정욕을 좇지 않고 탐심을 품지 않고 사는 법을 배우고 실천하는 6개월 훈련, 말장난을 그치고 정직하게 말하고 행동하며 사는 법을 실천하는 7개월 훈련, 나에게 침 뱉는 자를 진심으로 축복하는 법을 배우고 실천하는 5개월 훈련……. 교회 주보나 게시판에 이런 광고가 실렸다고 상상해 보십시오.

저는 요즘 "에이 씨" 하는 욕을 없애기 위한 자체 훈련에 들

어갔습니다. 심한 욕은 아니지만 욕의 바로 전 단계라고 생각합니다. 처음에는 이런 말이 저의 입에서 나오는 줄도 몰랐습니다. 그런데 어느 날 아내가 조심스럽게 말을 꺼냈습니다. 조금 스트레스를 받거나 기분이 좋지 않으면 이상한 말이 입에서 나오는데 알고 있느냐고 물었습니다. 저는 이 말이 그렇게 상스러운 줄 몰랐습니다. 그런데 아내가 흉내를 내며 이 말을 내뱉는데 듣기에 너무 불편했습니다. 저는 그날부터 기도하면서 이 말을 고치는 훈련에 들어갔습니다. 그런데 이미 입에 붙은 말은 쉽게 고쳐지지 않았습니다. 아마도 몇 개월, 수년이 걸릴지도 모르겠습니다. 하지만 이 말을 다시 입 밖에 꺼내는 일은 그리스도인인 나의 인격에 어울리지 않는다고 확신합니다.

정직을 실천하는 한 사업가가 있었습니다. 서울의 한 은행에서 융자를 받아 작은 규모의 사업을 운영하던 이분은 6·25전쟁이 일어나자 한시 바삐 피난을 가야 할 상황이었습니다. 그런데 피난길에 오를 준비를 하던 중 은행에 돈을 갚아야 할 기일이 되었음을 알고 돈을 준비해 은행에 갔습니다. 돈 될 만한 것이면 뭐든 챙겨서 떠나는 전시 상황에 이 사람은 거꾸로 돈을 들고 은행을 찾아갔습니다. "여기 빌린 돈을 갚으러 왔습니다." 그는 돈이 든 가방을 열며 은행 직원을 불렀습니다. 은행 직원이 매우 난처한 표정을 지으며 말했습니다. "빌린 돈을 갚겠다고요? 전쟁 통에 융자 장부가 어디 있는지도 모릅니다. 장부 일부는 부산으로 보냈고, 일부는 분실됐습니다. 돈을 빌린 대부분의 사람들은 돈을 안 갚아도 된다고 생각하는 마당에…… 그래도 갚으시게요?"

은행 직원의 말에 그는 잠시 망설였습니다. 사실 은행 직원이 그 돈을 자기 주머니에 넣지 않는다는 보장도 없었습니다. 그러나 그는 여러 생각 끝에 돈을 갚기로 결심하고, 영수증에 확인 도장을 찍어 달라고 했습니다. 결국 직원은 돈을 받고 자신의 인감도장이 찍힌 영수증을 건네주었습니다.

6·25전쟁이 끝난 후 이분은 가족과 제주도에 정착해 군납사업을 시작했습니다. 신선한 생선을 공급하는 일을 맡았는데, 갈수록 물량이 많아지자 원양어선을 구입해야겠다고 마음먹었습니다. 그러나 수중에 돈이나 담보물이 전혀 없어 도저히 배를 구입할 수 없었습니다. 그는 사업자금을 마련하기 위해 부산의 은행을 찾아가 융자를 신청했습니다. 그러나 은행에서는 전쟁이 막 끝난 후라 융자는 위험하다고 판단해 이분의 요청을 거절했습니다. 융자 받기를 포기하고 은행 문을 나서려다가, 문득 지신이 전쟁 중에 갚은 빚이 잘 정리되었는지 궁금해졌습니다. 발길을 돌려 예전에 받은 영수증을 은행 직원에게 보여 주었습니다.

그런데 이 한 장의 영수증이 모든 상황을 바꾸었습니다. 영수증을 본 직원은 깜짝 놀라 소리쳤습니다. "아! 바로 당신이군요. 피난 중에 빚을 갚은 사람이 있다고 들었을 때 '세상에 이런 사람도 있구나!' 생각했습니다. 당신의 정직함은 우리 은행가에 전설처럼 회자되고 있답니다." 직원은 이분을 은행장의 방으로 인도했고, 은행장은 "당신처럼 정직한 사업가를 만나 본 적이 없습니다"라며 필요한 금액을 흔쾌히 빌려 주었습니다. 그는 융자 받은 사업자금과 은행권의 신용을 얻어 성공적인 사업을 펼쳐 나갔습니다.

정직한 성품으로 한국의 존경받는 경영자가 된 이분은 바로 한국유리공업주식회사 설립자인 최태섭(1910–1998) 회장입니다.[24] 신실한 기독교인이며 장로인 최태섭 회장은 정직한 마음으로 정직한 행동을 하는 그리스도의 성숙한 제자였습니다.

죽음에서 배우는 삶 3: '사망은 없으며 사명만 있습니다'

예수께서 사랑하셨던 나사로가 죽었습니다. 예수님은 그의 무덤 앞에서 눈물을 흘리기도 하셨습니다. 나사로의 장례식에 참

---

24   박승호, 《복음원리 12강 1권: 복음이란 무엇인가?》(대한예수교장로회 생명샘교회, 2013), 44, 45쪽의 내용 정리.

석하신 예수님은 이렇게 말씀하셨습니다. 요한복음 11장 25, 26절입니다.

예수께서 이르시되 나는 부활이요 생명이니 나를 믿는 자는 죽어도 살겠고 무릇 살아서 나를 믿는 자는 영원히 죽지 아니하리니 이것을 네가 믿느냐

사망은 없습니다. 더 이상 그리스도인에게 죽음은 없습니다. 예수님은 십자가에서 죽으시고 부활하시고 승천하셨습니다. 제자들은 예수님이 죽으심으로 두려움에 싸여 있었습니다. 그러나 죽음을 이기시고 다시 사신 예수님을 만난 후에는 죽음에 대한 관점이 완전히 바뀌었습니다. 제자들에게 이제 죽음은 어떤 의미도 없게 되었습니다. 사도 바울도 죽음을 결코 두려워하지 않았습니다. 이제 사망은 사라진 것입니다.

초대교회 이후의 모든 그리스도인에게 죽음과 사망은 사라졌습니다. 하나님 나라와 복음을 위해 자기들이 죽고 희생당하는 일을 다르게 보게 되었습니다. 왜 그렇게 되었을까요? 죽음에서 다시 살아난 사람을 눈으로 바라보고 손으로 만지고 귀로 들으며 체험했기 때문입니다. 예수께서 변화된 몸, 부활의 몸으로 살아서 나타나신 것입니다. 이제 예수를 믿고 따르는 제자들, 그리스도인들은 예수님처럼 부활할 것이기 때문입니다.

예수님은 수많은 사람들이 보는 가운데 셋째 하늘로 들려 올라가셨습니다. 사도 바울도 셋째 하늘을 체험했다고 고백했습니다. 죽음 이후에 가는 셋째 하늘, 낙원, 하늘나라, 천국은 같은 의미를 지니고 있으며, 확실하게 시공간적으로 존재합니다. 더 이상 육체적인 죽음은 벽이 아닙니다. 통과하는 문이 확실합니다. 불교에서 말하듯 사람이 죽으면 소나 개가 되는 것이 아니라 하나님 품으로 돌아갑니다. 민속 종교에서 말하듯 원한이 있는 혼을 위해 굿을 해야 저승에 가는 것이 아니라 예수를 통해서만 낙원에 갑니다. 유교에서 말하듯 제사를 지낼 때 조상의 혼백이 오는 것이 아니라 우리가 죽으면 천국에 가서 믿음의 조상들을 만나게 됩니다.

이제 죽음의 문제가 해결된 우리가 잠시 이 땅에 살면서 힘써야 할 선한 일이 있습니다. 우리는 이 선한 일을 위해 예수 믿고 거듭나서 하나님의 자녀가 되었습니다. 우리는 이 선한 일을 하기 위해 예수님을 닮은 인격으로 성장하고 성숙합니다. 선한 일은 무엇입니까? 주께서 죽음에서 부활하시고 승천하시면서 우리에게 주신 가장 위대한 사명이 있습니다. 사도행전 1장 8절에서 말씀하시는 사명입니다.

오직 성령이 너희에게 임하시면 너희가 권능을 받고 예루살렘과 온 유대와 사마리아와 땅 끝까지 이르러 내 증인이 되리라 하시니라

성부 하나님, 성자 예수님 그리고 성령님께서 가장 원하시는 사역이 무엇입니까? 바로 복음을 전하는 일입니다. 우리 이웃과 한민족을 비롯한 모든 민족에게 복음을 전하는 전도와 선교 사역입니다.

그리고 초대교회 지도자인 사도 야고보, 베드로, 요한 그리고 사도 바울 일행이 기억하고 힘썼던 사명이 있습니다. 갈라디아서 2장 10절에서 말씀하시는 사명입니다.

다만 우리에게 가난한 자들을 기억하도록 부탁하였으니 이것은 나도 본래부터 힘써 행하여 왔노라

바로 가난한 사람들을 기억하고 힘써 돕는 일입니다. 가난한 이웃을 돌보고, 사랑에서 우러나온 친절을 베푸는 일이 우리의 책임이요 사명입니다.

저는 청년 때 은혜를 경험하고 선교사가 되기로 결심했습니다. 신학을 공부하고 부목사로 교회를 섬길 때 아내에게 선교하러 해외에 나가자고 권유했습니다. 아내는 병약한 두 어린 아들이 걱정되고, 어렵고 힘든 환경에서 사는 것이 두렵다며 결정하지 못했습니다. 저는 기도하며 기다렸습니다. 1년 쯤 지났을 때 아내가 성경을 읽고 깨달았다며 저에게 다시 선교를 제안했고, 우리는 선교사 훈련을 받았습니다.

선교지를 선택할 때는 겁도 없이 선교사들이 가장 가기 힘들어하고 싫어하는 곳을 자원했습니다. 그래서 한 번도 본 적도 없고 생각해 보지도 않은 T국 무슬림들에게 가게 되었습니다. 들어가기 전에 유서도 썼습니다. 우리에게 인질 납치와 같은 일이 발생하면 교회, 선교단체, 국가 등 어느 단체나 기관도 이에 대한 책임을 지지 않아도 된다는 포기 각서도 작성했습니다. 돈으로 협상하지 말라는 것이지요.

10년 넘게 T국에서 선교 사역을 하면서 깨달은 점이 있습니다. 처음 선교지에 발을 디딜 때는 이슬람권 15억을 모두 선교할 포부가 있었습니다. 조금 지나서는 T국 8천만 무슬림이 주께 돌아오는 꿈을 말하며 사역했습니다. 조금 더 지나서는 제가 사는 도시의 천만 시민의 선교를 위해 기도했습니다. 한참 지나서야 현실을 깨달았습니다. 한 명 혹은 두세 명의 무슬림이 예수를 믿고 교회 나오는 일이 얼마나 귀한지 알게 되었습니다.

99퍼센트가 무슬림인 T국에 살면서 적극적으로 복음을 전하고 양육할 수 있던 원동력은 전적으로 하나님의 은혜였습니다. 동시에 우리 가족에게는 말할 수 없는 영광스러운 일이었습니다. 왜냐하면 우리 주님이 가장 원하시는 구속 역사에 동참할 수 있었기 때문입니다.

죽음에서 배우는 그리스도인의 사명

성경을 통해 우리는 죽음을 배우는 일이 곧 삶을 배우는 일임을 알게 되었습니다. 매일 죽음을 인식하며 산다면, 의미 있고 소중하고 복된 삶이 되리라고 확신합니다.

첫째, 그리스도의 십자가를 통한 구원을 분명히 믿어야 합니다. 정확히 말씀드리면, 예수 그리스도께서 십자가에서 죽으심으로 우리가 살게 되었습니다. 우리가 예수를 믿으면 예수님의 죽음이 내 죽음이 됩니다. 동일시의 원칙입니다. 이것 때문에 우리가 죄악과 사망에서 구원받아 살게 되었습니다. 둘째, 날마다 죽어야 합니다. 예수 믿고 거듭나서 성장하고 성숙하기 위해서는 날마다 죽어야 합니다. 나의 옛 자아, 옛 습관, 옛 생각, 옛 관계가 죽어야 예수님 닮은 새 인격으로 성장합니다. 셋째, 사망은 없습니다. '사명'만 있습니다. 예수 그리스도를 믿는 우리 성도들에게 죽음은 없습니다. 이미 영원한 삶을 살고 있는 것입니다. 짧은 이 세상 살 동안 우리가 힘써 감당해야 할 사명은 주의 복음을 증거하는 일입니다. 이웃과 세계 모든 민족에게 복음을 전하는 선교의 사명을 감당해야 합니다. 또한 주님과 초대교회가 가난한 사람들을 돕고 구제했던 것처럼 어려운 이웃들에게 그리스도의 사랑을 전하며 섬기는 봉사의 직분을 감당해야 합니다.

적용하기

◆ **【부록 4】**의 '나의 인생 그래프'를 그려 보세요. 그래프에서 선은 나이를 나타냅니다. 10년 혹은 5년이나 3년 단위로 적당하게 나누어 주세요. 위쪽 점선은 인생의 성공이나 행복을 의미하며, 아래쪽 점선은 인생의 실패나 불행을 의미합니다. 그래프를 그리고 제목을 넣어 보세요. 그리고 각자 자기 인생 그래프를 소개해 보세요.

◆ 만약 오늘 죽는다면 신앙인으로서 후회되는 10가지와 앞으로의 각오를 적어 보세요.

◆ WEC(Worldwide Evangelization for Christ)국제선교회 창설자 C. T. 스터드(Charles Thomas Studd)에 관한 전기인 《위대한 하얀 추장》(WEC) 혹은 《C.T. 스터드와 프리실라》(죠이선교회)를 읽고 다음 질문에 답해 보세요.

① 스터드의 회심과 헌신은 어떻게 이루어졌습니까? 이러한 변화를 보며 어떤 생각이 듭니까?

② 막대한 유산을 기부하는 스터드와 프리실라를 보면서 어떤 생각이 듭니까?

③ 스터드의 신앙과 정신을 이어받은 WEC선교회의 4가지 원리인 믿음, 거룩, 희생, 교제는 무엇을 말합니까? 이 4가지 원리를 어떻게 생각합니까?

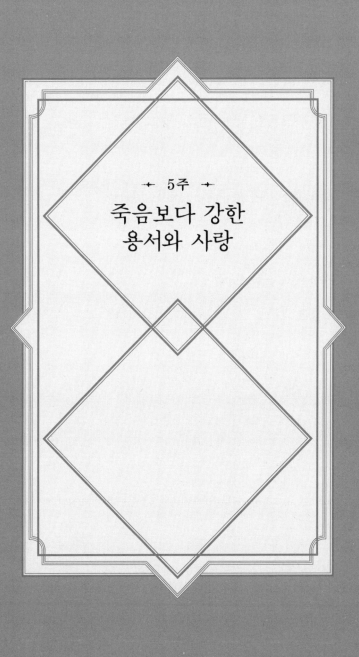

＊ 5주 ＊

죽음보다 강한
용서와 사랑

생각하기

◈ 영화 〈레미제라블〉(Les Misérables, 2012)을 보고 다음 질문에 답해 보세요.

① 용서를 생각할 때 어떤 장면이 떠올랐고 무엇을 느꼈습니까?

② 사랑을 생각할 때 어떤 장면이 떠올랐고 무엇을 느꼈습니까?

③ 명장면과 명대사는 무엇입니까?

남겨진 쪽지[25]

미국 신시내티에 사는 긴 금발 머리의 엘레나 데저리크는 예술가가 되고 싶은 유치원 소녀입니다. 엄마, 아빠 그리고 여동생 그레이스를 누구보다 사랑합니다. 엘레나는 자신의 이름을 거꾸로 쓰기를 좋아하고, 항상 치마만 고집합니다. 미술 학원 갈 때가 가장 신나고, 아기들을 좋아해서 엄마가 되는 것이 꿈입니다.

엘레나는 여섯 살 생일을 앞두고 소아 뇌종양 진단을 받았습니다. 의사들은 135일 정도 살 수 있다고 했습니다. 엘레나의 종양은 점점 커져 갔고, 목소리가 나오지 않게 되었습니다. 엘레나는 쪽지를 써서 가족과 대화를 나눌 수 있었습니다. 죽기 며칠 전, 엘레나는 아빠와 춤을 췄습니다. 아빠는 딸을 번쩍 안아 올렸고, 그러는 내내 딸은 웃으면서 아빠 목을 꼭 껴안았습니다. 엘레나는 첫 진단을 받고 255일을 살다가 2007년 여섯 살의 나이로 세상을 떠났습니다. 아빠와 엄마 곁의 침대에 누워······.

엘레나가 병원에 있을 때 그린 그림 중 하나는 신시내티 아

---

25   《남겨진 쪽지》의 비하인드 스토리는 다음 사이트에서 요약 발췌했다.
     http://minsikyoon.com/post/13780473379/notes-left-behind

트 박물관의 피카소 작품 옆에 나란히 전시되어 있습니다. 비록 '엄마가 되고 싶다'는 소원은 이루지 못했지만 255일의 기적 같은 날들을 통해 엘레나가 꿈꾸던 여러 소원을 이루었습니다. 돌고래와 함께 수영하기, 운전하기, 아빠와 함께 춤추기 등을 이룰 수 있는 충분한 시간을 가졌고, 평화로움 속에서 생을 마감했습니다.

엘레나가 세상을 떠난 후 어느 날, 엄마와 아빠는 상자를 옮기다가 책 속에서 떨어진 편지를 발견했습니다. 암이 진행되면서 말을 하지 못하게 된 엘레나가 집 안 곳곳에 수백 통의 그림 편지들을 몰래 숨겨 놓은 것입니다. 책장의 책 틈, 아빠의 서류 가방, 엄마의 부엌, 동생의 서랍장……. 자신이 떠난 뒤에도 계속해서 전해 주고 싶었던 엘레나의 메시지는 늘 똑같았습니다. "엄마, 아빠, 그레이스, 사랑해"(I love you Mom, Dad and Grace).

엘레나의 부모는 동생 그레이스가 언니를 기억할 수 있도록 엘레나의 마지막 135일간의 투병생활을 일기로 기록하여 인터넷에 올리기로 했습니다. 웃음과 용기를 잃지 않던 씩씩한 꼬마 숙녀의 하루 일과는 어느새 다른 환자들에게 희망의 빛이 되어 주었습니다. 엘레나 가족의 인터넷 일기를 매일같이 함께 지켜보고 응원했던 환자들과 많은 네티즌들의 요청으로 일기의 일부가 《남겨진 쪽지》라는 책으로 출간되었습니다.

우리가 이 세상을 떠났을 때 남는 가장 큰 유품은 사랑의 기억일 것입니다. 여러분은 소중한 사람들에게 사랑을 표현하고 있나요? 아름다운 관계를 통해 좋은 추억들을 쌓아 가고 있나요? 용서하고 화해하고 있나요?

구약에 나타난 용서와 화해: 용서받고 용서하기

'괘씸죄'라는 말이 있습니다. 괘씸죄에 걸리면 보통 힘든 것이 아닙니다. 나이 40이 넘었지만 가수 유승준 씨는 병역 기피로 한국에 입국할 수가 없습니다. 그는 2002년에 미국 시민권을 취득하였습니다. 어떤 사람은 '괘씸죄가 아니다. 당연히 법대로 벌을 받은 것이다'라고 하지만, 어떤 사람은 '시범 케이스이며 괘씸해서 정부와 국민들로부터 용서를 못 받는다'고 이야기합니다.

여러분은 이에 대해 어떻게 생각하는지 궁금합니다. 군 복무하는 아들을 둔 사람 중에, 유승준은 병역을 기피한 대가를 당연히 치러야 한다고 말하는 이들도 있습니다. 그런데 한편으로는 법을 넘어서서 너무 가혹하게 괘씸죄를 적용한 면도 보입니다. 현행법인 재외동포법에 의하면 만 38세가 넘으면 한국 입국 비자 신청이 가능하도록 되어 있습니다. 그런데 국민 정서와 감정 때문에 입국할 수 없다는 판결은 공정하지 않아 보입니다. 이렇듯 '용서'는 우리의 실생활에서 중요한 주제임에도 불구하고 결코 쉬운 주제가 아닙니다. 그래서 용서에 대한 하나님의 말씀을 잘 이해해야 합니다.

구약에서 말하는 용서를 총 5막으로 나누어 살펴보려 합니다. 많은 사람들이 '구약' 하면 주로 율법, 징계, 정의, '눈에는 눈 이에는 이'를 연상합니다. 구약 성경의 용서에 대하여는 학자 간에 이견이 있는데, 저는 현대 유대교 랍비학자인 조너선 색스의 《차이의 존중》을 참고하였으며, 많은 도움이 되었습니다.

제1막의 용서는 창세기 8장 20-22절입니다

홍수가 끝나고 노아와 노아의 가족이 방주 밖으로 나왔습니다. 그리고 제일 먼저 제단을 쌓고 번제를 드렸습니다. 하나님은 이 예배를 받으셨습니다.

그 후 하나님은 노아와 노아의 가족에게 일방적으로 용서를 선언하셨습니다. "내가 다시는 사람으로 말미암아 땅을 저주하지 아니하겠다." 하나님 편에서 스스로 약속하셨습니다. "내가 새로운 언약을 세운다. 내가 다시는 모든 생물을 홍수로 멸하지 아니할 것이다." 하나님이 일방적으로 결정하여 은총을 베푸시는 용서입니다. "내가 무지개를 구름 속에 두었다. 이것이 나와 너희 모든 육체를 가진 생물 사이에 내 언약을 기억하게 할 것이다. 내가 물로 생물을 멸하지 않을 것이다."

홍수 후에 노아와 노아의 가족에게 첫 번째 하신 말씀은 은혜로서의 용서입니다. 이 용서에는 인간 편에서의 사죄나 뉘우침이나 변상은 전혀 없습니다. 그냥 앞으로 사람이나 생물을 용서하시겠다는 선언입니다. 이유가 될 수도 있는 말씀을 덧붙이십니다. "인간은 어려서부터 악하기 때문에 마음의 계획도 악할 뿐이다." 인간에게 완전함을 기대하지 않으며, 기대할 것이 없음에도 용서하신다는 선언입니다. 하나님은 인간이 악함을 알고 있음에도 은총과 자비를 베푸십니다. 일방적으로 용서하십니다. 인간이 악함에도 불구하고 먼저 용서하시는 분입니다.

오래전, 선교 훈련을 마치고 선교지로 출발하기 위해 준비할 때였습니다. 5년 이상 모신 아버지께서 대전에 남겠다고 하셨습니다. 대전에 거처하실 집을 찾던 중 시원스럽게 일 처리를 하는 젊은 집주인과 전세 계약을 맺었습니다. 그런데 이사하기도 전에 갑자기 아버지께서 심근경색증으로 돌아가셨습니다. 장례를 모두 마친 후 전세금을 빼기 위해 대전으로 갔는데, 이미 집이 경매에 넘겨진 상태였습니다. 전세 계약 날, 등기부등본을 확인하라는 아내의 당부를 제가 그만 깜빡했습니다. 여러 사람이 전세 보증금을 찾도록 백방으로 알아보고 도와주었지만, 결국 전세 보증금 중 850만 원을 받지 못했습니다. 목회자 연금을 해지하고 적금으로 모았던 돈이 한꺼번에 사라졌습니다. 선교지에 정착하며 목돈이 필요할 때마다 이 돈 생각에 가슴이 답답해졌습니다. 안식월로 한국에 들어왔을 때 집주인을 수소문하여 만났지만 파산한 사람에게 다른 방법이 없었습니다. 길거리에 나붙은 돈 받아 준다는 플래카드를 볼 때마다 떼인 돈 생각에 괴로웠습니다.

그러던 어느 날 저녁, 제기동에 있는 선교관 기도실에서 아버지의 전세 관계 서류를 앞에 놓고 기도하고 있었습니다. 한참 기도하는데 마음속에 이 돈에 대해 완전히 잊으라는 음성이 들렸습니다. 기도를 마치고 선교지에 있는 아내에게 전화해서 이 이야기를 했습니다. 아내도 동의해서 서류를 완전히 찢어 버렸습니다.

이미 은행 경매로 넘어갈 집을 속이고 계약했던 그 집주인은 어떤 사죄나 변상도 하지 않았지만, 저는 일방적으로 용서했습니다. 이제는 이 일로 다시는 원망도 않고, 자책도 않고, 기도도 하지 않기로 결정하였습니다.

제2막의 용서는 창세기 45장 5절입니다

요셉은 17세에 형들의 시기와 미움을 받고 애굽에 노예로 팔려 갔습니다. 갖은 고생을 다했지만 하나님의 도우심으로 애굽 총리가 되었습니다. 요셉의 손에 애굽의 미래가 달렸습니다. 이때 요셉의 나이는 39세였으며 마침내 형제들을 만나게 되었습니다. 형제들의 목숨은 이제 요셉의 손에 달려 있습니다. 요셉이 애굽 총리인지 모르는 형제들은 자신들이 노예로 팔아 버린 요섭을 생각하며 진심으로 눈물을 흘립니다. 특히 유다는 자기의 목숨을 내어놓으며 참회하는 모습을 보입니다.

하나님의 사람 요셉은 이러한 형제들을 진심으로 용서합니다. 이 모든 일의 배후에서 하나님이 일하셨음을 고백합니다. 하나님께서 형제들을 사용하여 자기를 먼저 애굽에 보내셨다고 고백합니다. 그러니 자기는 당연히 형제들을 용서한다고 말합니다. "근심하지 마십시오. 한탄하지 마십시오. 나는 이미 형들을 용서했습니다."

몇 년이 흐르고 아버지 야곱이 죽었을 때, 형들은 총리 요셉이 자기들에게 보복할지 모른다고 또다시 염려하기 시작했습니다. 그때에도 요셉은 "두려워하지 마십시오. 내가 하나님을 대신하겠습니까? 하나님께서 일하신 것입니다. 나는 형님들을 용서했습니다"라고 말합니다.

요셉이 형제들을 용서함은 창세기에 나오는 형제 불화, 형제 경쟁에 종지부를 찍는 사건입니다. 아담의 자녀 가인과 아벨 형제는 용서를 못하고 살인을 저지릅니다. 이삭의 자녀 에서와 야곱은 용서하지 못하고 갈라져서 살았습니다. 하지만 야곱의 자녀 요셉과 다른 형제들은 서로 참회하고 용서합니다. 형제가 함께 동거함이 어찌 그리 어려운지요? 하지만 요셉의 용서를 통해 가족이 서로 용서할 수 있음을 보여 줍니다.

두 사람이 사막을 걸어가고 있었습니다. 그런데 문제가 생겨 다투게 되었습니다. 한 사람이 다른 사람의 뺨을 때렸습니다. 뺨을 맞은 사람은 기분이 나빴지만 아무 말도 하지 않았습니다. 그는 모래에 이렇게 적었습니다.

"오늘 나의 가장 친한 친구가 나의 뺨을 때렸다."

오아시스가 나올 때까지 말없이 걸었습니다. 마침내 오아시스에 도착한 두 친구는 그곳에서 목욕을 하기로 했습니다. 뺨을 맞은 사람이 먼저 목욕하러 들어가다 늪에 빠지게 되었는데, 그때 뺨을 때렸던 친구가 그를 구해 주었습니다. 늪에서 빠져나왔을 때 이번에는 돌에 이렇게 썼습니다.

"오늘 나의 가장 친한 친구가 나의 생명을 구해 주었다."

그의 친구가 의아해서 물었습니다.

"내가 너를 때렸을 때는 모래에 적었는데, 구해 준 후에는 왜 돌에 적었지?"

친구는 대답했습니다.

"누군가 우리를 괴롭혔을 때 우리는 모래에 그 사실을 적어야 해. 용서의 바람이 불어와 그것을 지워 버릴 수 있도록……. 그러나 누군가가 우리에게 좋은 일을 했을 때는 그 사실을 돌에 기록해야 해. 그래야 바람이 불어와도 영원히 지워지지 않을 테니까……."[26]

제3막의 용서는 출애굽기 34장 6, 7절입니다

모세는 시내산에 올라가서 40일을 금식하며 하나님의 말씀을 들었습니다. 그리고 하나님이 친히 쓰신 돌판 두 개를 받았습니다. 그런데 시내산 밑에서 모세를 기다리던 이스라엘 백성과 아론은 금송아지를 만들었습니다. 그리고 그 우상에게 절하며 축제를 벌였습니다.

이 사건으로 인해 하나님은 이스라엘에 진노하셨고 그들을 버리려 하셨습니다. 모세가 두 돌판을 깨뜨리며 백성을 질책하고 하나님께 이스라엘을 용서해 달라고 중보 기도를 드렸습니다. 그러자 하나님은 모세의 기도를 들으시고 뜻을 돌이키셨으며 모세에게 다시 돌판 두 개를 만들어 주셨습니다. 그때 여호와 하나님께서 이렇게 선포하셨습니다. "나는 자비롭고 은혜롭고 노하기를 더디하는 하나님이다. 내가 이스라엘의 악과 과실과 죄를 용서하리라." 하나님께서 모세의 기도와 이스라엘의 회개를 듣고 용서하셨습니다. 이스라엘 공동체의 참회를 받고 용서하신 것입니다. 이스라엘은 오늘날까지 이날을 기념하여 '욤 키푸르'라고 부르는 '대속죄일'로 지킵니다. 하나님은 공동체(집단, 민족)를 용서하시는 분입니다.

---

26   저자 미상, "원수는 물에 은혜는 돌에 새기라", 내용 정리.

1938년 9월 10일, 평양 서문밖교회에서 열린 장로교 총회에서 신사참배를 결의하였습니다. 목사 86명, 장로 85명, 선교사 22명, 총 193명이 참석했습니다. 예배당 안팎에는 사복 경찰관들이 둘러싸고, 강대상 아래는 고위 경찰관들이 칼을 차고 자리에 앉아 있었습니다. 신사참배 안건은 총회 이전에 이미 일제의 탄압과 일부 총대들이 협의했기 때문에 신속히 가결 처리되었습니다. 선교사 20여 명이 일어나 항의했지만 소용없었습니다. 신사참배를 찬성하는 지도자들은 신사가 종교가 아니며, 신사참배는 애국적이라는 성명서를 발표했습니다. 하지만 신사참배를 반대하는 지도자들과 성도들은 옥고를 치르거나 순교를 당했습니다.

근래에 신사참배에 가담한 교단들과 노회들이 신사참배 결의 무효를 선언하고 참회의 기도를 했습니다. 하나님은 교단과 노회와 교회의 집단적인 참회를 받고 용서하시는 분입니다. 우리 한국 교회는 이러한 역사를 되새겨서 오늘의 교훈으로 삼아야 합니다.

제4막의 용서는 신명기 23장 7절입니다

하나님은 주께서 애굽으로부터 해방 40주년을 맞이하는 이스라엘 백성에게 말씀하십니다.

애굽 사람을 미워하지 말라

이스라엘에게 애굽은 어떤 나라입니까? 이스라엘 백성이 갓 낳은 핏덩이들을 나일강에 던져 죽인 나라입니다. 무자비하게 노동력을 착취하여 흙 이기기, 벽돌 굽기, 농사일에 부려 먹은 나라입니다. 고된 노동으로 살 수가 없어서 밤낮으로 탄식하고 울부짖게 만든 나라입니다. 그런데 이제 하나님께서 이 나라 애굽을 미워하지 말라고 하십니다. 이스라엘에게 애굽을 용서하라고 말씀하십니다. 40년이 지났지만 지금도 화가 나고 복수하고 싶은데 용서하라고 하십니다.

하나님은 이스라엘에게 이러한 기억으로부터 완전한 해방과 자유를 주십니다. "애굽을 용서하라!", "애굽을 미워하지 말라!" 이것은 하나님께서 애굽 때문에 하시는 말씀이 아닙니다. 이스라엘 백성에게 참 자유와 해방을 주시기 위한 말씀입니다.

한국 교회의 숙제는 우선 북한과 일본입니다. 현재 한국 사회는 이 문제를 바로 해결하기가 매우 힘든 상태입니다. 북한 문제는 바로 종북 문제로 치부될 수 있고, 일본 문제는 친일 또는 매국으로 비춰질 수 있기 때문입니다. 하지만 조금만 생각해 보면 종북과 친일 문제는 정치와 이념의 문제입니다. 이 정치와 이념보다 앞서는 것이 하나님의 말씀이고 그리스도의 복음입니다. 모든 정치와 이념은 시대에 따라 끊임없이 변하고 회귀하기도

합니다. 하지만 하나님의 말씀은 영원합니다. 정치와 이념을 넘어 하나님 뜻에 순종하며 그 말씀을 청종해야 합니다.

T국과 이웃나라 아르메니아 사이에는 심각한 문제가 있습니다. 아르메니아 대학살 사건은 제1차 세계대전 중이던 지난 1915년부터 1918년 당시 오스만 제국이었던 T국이 동부 지역에 살던 아르메니아인들을 집단 학살한 사건입니다. 아르메니아의 주장에 의하면, T국은 아르메니아 지도자 수천 명을 투옥·처형하는 것을 시작으로 3년 동안 아르메니아인들을 사형시키거나 사막으로 강제 추방하는 등의 만행을 저질렀다고 합니다. T국 내에서만 해도 수만 명이 학살당했고, 100만 명은 추방당해 사막 등을 떠돌다 굶주림과 전염병 등으로 숨졌다고 합니다. 이 기간 동안 죽은 아르메니아 사람들은 150–200만 명 정도로 추산됩니다. 당시 T국 정부는 자국 영토 내에 있는 아르메니아인들의 씨를 말리기 위해 이처럼 잔악하게 행동한 것으로 전해집니다. 그러나 T국 정부는 이 사건을 전쟁 중의 민중 반란을 진압하는 과정에서 발생한 사건으로 의미를 축소시켜 왔습니다.

저는 T국에 살면서 T국인들이 아르메니아와의 문제를 얼마나 다르게 보는지를 보았습니다. 이와 마찬가지로 일본이나 북한이 생각하는 대한민국, 대한민국이 생각하는 일본과 북한의 상황도 다를 수밖에 없다고 생각합니다.

제5막의 용서는 레위기 23장 26-28절입니다

여호와 하나님은 이스라엘을 속죄하기를 원하는 분입니다. 하나님은 이스라엘을 용서하기를 즐겨하십니다. 이제 이스라엘은 매년 대속죄일에 죄의 용서를 받습니다. 하나님만이 죄를 범한 이스라엘을 용서하실 수 있습니다. 이스라엘 달력으로 7월 10일은 대속죄일로 여호와께서 죄를 범한 인간을 용서하고 속죄하는 날입니다. 이스라엘 사람들은 대속죄일 이전인 7월 1일부터 10일까지 서로 용서를 구하고 용서하는 기간으로 지냅니다. 하나님은 1년 주기로 이스라엘을 용서하시며, 이스라엘은 1년 주기로 서로를 용서합니다.

요즘 보복 운전을 하는 사람이 많습니다. 상대편 차량을 향해 경적을 울린다든지 상향등을 켜면, 상대 차량이 언제 흉기가 되어 내 차를 들이받을지 모릅니다. 그런 상황에 맞닥뜨리면 부아가 치밀어 오르며 따지고 싶어집니다. 그때 아내와 저는 "운전자에게 무슨 일이 있는가 보다" 하고 마음을 가라앉힙니다. 말은 안 했지만 속으로 용서한 것입니다. 운전하다 보면 이런 일들이 비일비재합니다. 이와 비슷한 일이 집에서, 교회에서, 일터에서, 사람을 만나는 곳에서 수없이 일어납니다.

우리는 주일예배 시간에 죄를 고백하는 기도의 시간을 갖습니다. 그런데 우리의 죄를 내어놓고 용서를 구하는 기도와 함께 다른 사람의 죄와 허물을 일방적으로 용서하는 기도를 해야 합니다.

"주님, 그 운전자가 너무 힘들게 했지만 용서합니다."

"주님, 같은 직장 김 과장이 저를 곤란하게 했지만 용서합니다."

"주님, 아내가 이렇게 말해서 마음이 아팠지만 용서합니다."

예수님도 "우리가 우리에게 잘못한 사람을 용서하여 준 것 같이 우리의 죄를 용서해 달라"고 기도하시지 않았습니까? 다른 사람을 일방적으로 용서하는 기도를 생활화해야 합니다. 매 주일 예배 시간에, 매일 기도 시간에, 매년 고난주간에는 특별히 금식하면서 나와 우리에게 죄지은 사람들을 용서해야 합니다.

《피스메이커》라는 책을 쓰고 이 운동을 벌이는 켄 산데에 의하면, 용서는 다음의 4가지를 포함한다고 합니다.

첫째, 나는 이 일에 대해 다시는 생각하지 않겠다.

둘째, 나는 다시는 이 일을 거론하지 않을 것이며, 상대방에게 맞서기 위해 이 일을 사용하지 않겠다.

셋째, 나는 이 일을 다른 사람들에게 말하지 않겠다.

넷째, 나는 이 일이 우리 사이를 가로막거나 우리의 관계를 방해하지 않도록 하겠다.

일방적인 용서를 선포하면 그때부터 참 자유와 해방을 누립니다. 하지만 교환적인 용서가 이루어진 것은 아닙니다. 만약 상대방이 자기의 잘못을 깨닫고 용서를 빌면 그때 비로소 교환적인 용서가 이루어집니다. 교환적인 용서는 상대의 태도에 달려 있지만, 일방적인 용서는 내가 결단하고 즉시 시행해야 하는 성경적인 용서입니다.

신약에서의 용서와 화해: 용서의 복음

2007년에 특수 청소업체인 '바이오해저드'를 설립하여 특수한 것을 정리하고 청소하는 사람이 있습니다. '유품정리사'라는 직업으로 일하는 김새별이라는 분입니다.

김새별 씨는 2015년에《떠난 후에 남겨진 것들》이라는 책을 출간하였습니다. 이 책의 부록에 "유품정리사가 알려 주는 아름다운 마무리를 위한 7계명"이 있어 소개합니다.[27]

1. 삶의 질서를 세우기 위해 정리를 습관화하세요.
2. 직접 하기 힘든 말이 있다면 글로 적어 보세요.

---

27   김새별,《떠난 후에 남겨진 것들》(청림출판, 2015), 234-239쪽.

3. 중요한 물건은 찾기 쉬운 곳에 보관하세요.

4. 가족들에게 병을 숨기지 마세요.

5. 가진 것들은 충분히 사용하세요.

6. 누구 때문이 아닌 자신을 위한 삶을 사세요.

제가 주목하여 본 것은 마지막 7계명입니다.

7. 결국 마지막에 남는 것은 사랑했던 사람과의 추억입니다. 아름
   다운 추억을 많이 남기세요.

좋은 대학에 들어가 번듯한 직장을 잡고, 집 사고 차 사는
일도 중요해 보이지만, 이것들은 마지막에 지고 갈 수도 없고 의
미 있는 유품도 아닙니다. 우리가 죽은 후에는 서로 정말로 사랑
했던 기억이 남습니다. 사랑하고 사랑받았던 기억, 사랑하는 사
람의 마음에 따뜻한 온기로 남은 기억이 소중한 것입니다. 사랑
하는 가족과 친구와 교우들과 얼마나 좋은 사이로 지내고 있나
요? 혹시 서먹서먹하거나 앙금이 남아 있거나 가슴 먹먹한 통증
이 있지는 않은가요?

좋은 관계, 화목한 관계를 만들기 위해서는 화해와 용서가
필수적입니다. 그런데 이 용서가 간단하지도 않고 쉬운 문제도
아닙니다. 그래서 성경 말씀을 통해 이 용서에 대한 하나님의 음

성을 듣고자 합니다. 용서에 대한 하나님의 말씀은 아주 강력한 능력이 있습니다. 왜냐하면 이 용서의 메시지는 복음의 핵심이며 우리 생활에 아주 큰 영향을 미치기 때문입니다.

구약에 나오는 용서에 대한 말씀이나 사건들이 서론이라면, 신약의 예수님이 보여 주신 용서는 본론입니다. 구약에서 암시와 그림자를 보여 주었다면 신약에서는 그 실체가 드러납니다.

구약의 모세 오경을 보면, 여호와 하나님께서는 죄를 지은 아담과 하와의 벗은 몸을 가죽 옷으로 입히며 덮어 주십니다. 용서하고 감싸 주셨습니다. 여호와께서 애굽에 장자가 죽는 재앙을 내리실 때에 어린 양의 피를 문에 바른 이스라엘 집들은 재앙이 넘어갑니다. 어린 양의 피를 보고 죽이지 않고 보호해 주셨습니다.

광야에서 만든 성막에는 한 개의 출입구, 번제단, 물두멍, 성소와 지성소 등이 있습니다. 모든 시설물은 완벽하게 인간의 죄를 용서하시는 예수님의 인격과 사역을 드러냅니다. 대속죄일에 광야에 보내는 아사셀 양은 우리 죄를 영원히 용서하심을 나타냅니다. 가나안 땅에 설치한 여섯 개의 도피성은 어떠한 죄인도 영원히 용서받을 수 있는 예수 그리스도의 용서와 화해 사역을 그림자처럼 보여 주고 있습니다.

그런데 이제 이러한 용서의 상징과 그림자가 실체가 되었습니다. 우리 눈앞에서 실제로 완전하게 이루어졌습니다. 우리

주 예수께서 십자가에서 고난당하시고 죽으심으로 죗값을 완전히 치르셨습니다. 그리고 하나님의 능력으로 부활하셨고 승천하셔서 영원히 우리를 다스리며 우리와 함께하십니다.

신약의 핵심은 바로 예수 그리스도를 통한 용서의 복음의 시작이며 선포입니다. 예수님으로 인한 용서의 복음에는 3가지 원리가 중요합니다.

첫째 원리: '나는 하나님의 용서를 받은 사람입니다'

인류의 출발점인 아담이 죄를 지은 후 모든 인류가 죄와 사망 아래에 있습니다. 아담이 죄인의 대표자입니다. 로마서 5장 17절에서 "아담 한 사람의 범죄로 많은 사람이 정죄에 이르고 죄가 사망 안에서 왕 노릇 한다"고 말씀합니다.

그런데 이제는 십자가에서 우리 죄를 위해 돌아가신 예수 이후의 모든 인류에게 새로운 희망이 생겼습니다. 예수 그리스도께서 의인의 대표자이십니다. 하나님과 올바른 관계를 세우는 의인의 대표자이십니다. 로마서 5장 18절 이하에서는 "예수 그리스도 한 사람의 의로운 행위로 말미암아 많은 사람이 의롭다 하심을 받아 생명에 이르고 죄가 사망 안에서 왕 노릇 한 것같이 은혜도 또한 의로 말미암아 왕 노릇 한다"고 말씀합니다.

우리가 예수 그리스도를 진심으로 믿고 신뢰하여 세례를 받으면 예수와 나는 하나가 됩니다. 이제부터는 하나님께서 나를 바라보실 때 예수 그리스도라는 렌즈를 통해 바라보십니다. 그래서 우리가 예수님의 이름으로 하나님께 나아가 돌이켜 회개하면 모두 용서해 주십니다. 되풀이하고 반복하여 회개해도 용서해 주십니다. 우리는 아담이 지은 불순종의 원죄도 용서받았습니다. 또한 현재 우리가 짓는 어떤 종류의 자범죄도 용서를 받습니다. 누구 때문인가요? 예수님 때문입니다.

지금까지 저를 가장 많이 용서해 주신 분은 부모님입니다. 아버지는 사업가로 바쁘셨기 때문에 저의 잘잘못을 속속들이 알지는 못하셨습니다. 하지만 어머니는 저의 잘못을 많이 보았고 들어서 알고 계셨습니다. 때로는 모른 체하셨고, 크게 혼을 내기도 하셨고, 어머니와 저의 잊지 못할 추억으로 남은 것들도 있습니다.

어떤 사람은 예수님을 성인군자 중 한 사람으로 생각합니다. 어떤 사람은 예수님의 십자가 죽음과 부활을 교리적으로 치부합니다. 또 너무 많이 들어서 진부하게 생각하기도 합니다. 저도 거듭나기 전에는 그랬습니다. 그런데 청년 시절 어느 날, 저는 예수님의 죽음이 나를 위한 죽음임을 깨달았습니다. 나의 죄를 대신 지고 용서하기 위해 그런 고통을 겪고 피를 흘리고 결국 죽으셨다는 사실을 믿게 되었습니다. 철들고 거듭난 것입니다. 예수가 정말 나의 죄를 용서하고 살리기 위해 죽으셨다면, 예수가 정말 하나님의 아들이시라면, 예수가 정말 신이라면 나는 인간적인 도리로라도 다시는 예수를 배반하면 안 된다고 생각했습니다. '의리가 있지. 나를 위해 목숨을 바치셨는데. 값을 치르고 나를 용서해 주셨는데.' 어머니의 용서를 잊을 수 없다면 자기 목숨을 바친 예수의 용서는 도대체 무엇으로 표현할 수 있겠습니까?

둘째 원리: '나는 다른 사람을 용서해야 하는 사람입니다'

베드로는 예수님께 범죄자, 가해자, 나쁜 짓을 한 사람을 몇 번이나 용서해야 하는지 물었습니다. 베드로는 일곱 번이면 최대치로 충분하다고 생각해 예수님께 거듭 질문했습니다. 그런데 예수님은 "일곱 번뿐 아니라 일곱 번을 일흔 번까지라도 할지니라"(마 18:22)라고 대답하셨습니다.

에베소서 4장 32절에서 "서로 친절하게 하며 불쌍히 여기며 서로 용서하기를 하나님이 그리스도 안에서 너희를 용서하심과 같이 하라"라고 하셨습니다. 골로새서 3장 13절에서는 "누가 누구에게 불만이 있거든 서로 용납하여 피차 용서하되 주께서 너희를 용서하신 것같이 너희도 그리하라"라고 말씀하셨습니다.

복수와 용서를 다루는 영화와 드라마가 많습니다. 우리는 이런 영화와 드라마를 보면서 본성적으로 복수를 통쾌해합니다. 이러한 영향 때문에라도 용서에 대해 더욱 날카로운 성경적인 지성과 실천이 우리에게 필요합니다.

무엇이 용서가 아니고 무엇이 용서인지를 3가지로 나누어 볼 수 있습니다.

첫째, 용서는 잊어버리는 것이 아닙니다. 사람들은 어떤 사건이나 가해자를 잊어버리자고 합니다. 시간이 지나면 다 잊히고, 잊으면 용서했다고 합니다. 하지만 시간이 지나서 감정이 무뎌지고 상처와 고통이 관심에서 멀어졌기 때문이지 용서가 이루어진 것은 아닙니다. 이사야 43장 25절, "나는 나를 위하여 네 허물을 도말하는 자니 네 죄를 기억하지 아니하리라"라는 말씀을 오해하면 안 됩니다. 하나님이 우리 죄를 기억하시지 않겠다고 하신 말씀은 시간이 흘러 하나님의 기억이 흐릿해져서 용서되었다는 의미가 아닙니다. 이 말씀은 우리의 죄를 의지적으로 기억하시지 않겠다는 하나님의 의지적 표현입니다.

그렇다면 용서는 무엇입니까? 용서는 시간이 걸립니다. 시간이 걸리지만 기억하지 않으려고 노력하고 결국은 기억하지 않는 것입니다. 격한 감정과 상처와 고통이 또 살아나곤 하지만 의지적으로 행동하는 것입니다. 기억하지 않겠다고 선언하고 용서하겠다고 거듭 말하고 의지적으로 기억하지 않는 실천입니다.

둘째, 용서는 참음이 아닙니다. 가해자에게 "괜찮아", "너도 전적으로 틀린 것은 아니잖아", "너도 어쩔 수 없었잖아"라고 말하며 참는 것이 아닙니다. 용서는 이와 반대입니다. 용서는 먼저 가해자의 행동이 잘못되었고 변명의 여지가 없음을 인지하고 말하는 것입니다. 하지만 그 잘못으로 발생한 고통을 받아들임이 용서입니다. "나는 네가 잘못했고 변명의 여지가 없음도 안다. 그렇지만 하나님이 나를 용서하셨기 때문에 나도 너를 용서한다." 이것이 용서입니다.

셋째, 용서는 다시 신뢰하겠다는 것이 아닙니다. 용서는 가해자의 잘못에 면죄부를 주는 것도 아니고, 가해자를 신뢰하겠다는 말도 아닙니다. 《피스 메이커》의 저자 켄 산데는 성경적 용서에는 일방적 용서와 쌍방적(교환적) 용서가 있다고 설명합니다. 가해자의 잘못으로 이미 신뢰가 깨진 상태에서 우리는 일방적 용서를 말할 수 있습니다. 아니, 일방적 용서를 먼저 말해야 합니다. 가해자가 어떤 행동을 하느냐, 가해자의 변화를 기대하느냐, 가해자가 사과했느냐를 문제 삼지 않고 일단, 무조건, 일방적으로 용서해야 합니다. 이것이 바로 성경이 말씀하는 일방적 용서입니다. 일방적 용서는 내가 결단하고 즉시 시행해야 하는 성경적인 용서입니다.

하지만 일방적 용서를 했다고 해서 가해자에게 면죄부를 준 것도 아니고, 다시 신뢰하겠다는 것은 더더욱 아닙니다. 앞으로 신뢰할지 여부는 가해자의 행동에 달려 있습니다. 가해자가 진심으로 사과하고 회개하고 잘못된 행동에 책임을 질 때에 비로소 쌍방적이고 교환적인 용서가 이루어집니다. 쌍방적인 용서가 이루어져야 깨진 신뢰가 회복되기 시작하며, 신뢰를 온전히 회복하기까지는 많은 시간이 걸립니다.

함께 생활하는 지근거리에 있는 사람을 용서하는 일이 제일 힘들 수 있습니다. 특히 가족끼리 용서하고 화해하는 일이 중요하지만 얼마나 힘든지 모릅니다. 저는 아버지를 용서하는 일이 어려웠습니다. 고등학생 때 아버지에 대한 원망이 쌓여 편지로 정리해 보았습니다. 시시콜콜 눈물을 흘리며 적어 보니 여러 장이 되었습니다. 결국 부치지 못하고 한참 후에 찢어 없앴습니다. 지금 생각하면 편지를 부치지 않아서 얼마나 다행인지 모릅니다. 왜냐하면 저도 자녀를 키우며 아버지 노릇하기가 얼마나 힘든지 깨달았기 때문입니다.

아버지와 소원한 관계는 결코 나아지지 않고 세월이 흘렀습니다. 아버지는 아버지대로 저에게 서운함이 있었고, 저의 가슴 밑바닥에도 아버지에 대한 원망이 남아 있었습니다.

아버지께서 돌아가시기 1년 전쯤입니다. 아버지는 자꾸 연로해지시고 저는 선교지로 나가야 할 날이 가까워 오고 있었습니다. 저는 작정하고 아버지와 단둘이 여행을 떠났습니다. 강원도 어느 조용한 산속에 있는 기도원이었습니다. 그곳에서 먹고 자면서 제가 그동안 서운했던 이야기를 눈물을 흘리며 이야기할 때, 늙고 힘없는 아버지는 묵묵히 들어 주셨습니다. 그리고 "미안하다, 충현아"라고 한마디하셨습니다. 아버지를 안고 얼마나 울었는지 모릅니다. 그렇게 난생 처음으로 아버지와 2박 3일의 수련회를 가진 지 1년이 지난 어느 날이었습니다. 주일 예배를 드리고 난 후, 아버지는 저의 아내와 걸어서 집으로 돌아오는 길에 심근경색으로 쓰러지셨고 입원하신 지 며칠 만에 주님 품에 안기셨습니다.

셋째 원리: '내가 다른 사람을 용서할 때 하나님께 용서받은 사람이 됩니다'

예수님이 베드로에게 다른 사람을 용서하는 데 일곱 번을 일흔 번까지라도 용서하라고 말씀하신 후 이런 이야기를 해주셨습니다. 마태복음 18장 23-30절 말씀을 새번역으로 살펴보겠습니다.

그러므로, 하늘 나라는 마치 자기 종들과 셈을 가리려고 하는 어떤 왕과 같다. 왕이 셈을 가리기 시작하니, 만 달란트 빚진 종 하나가 왕 앞에 끌려왔다. 그런데 그는 빚을 갚을 돈이 없으므로, 주인은 그 종에게, 자신과 그 아내와 자녀들과 그 밖에 그가 가진 것을 모두 팔아서 갚으라고 명령하였다. 그랬더니 종이 그 앞에 무릎을 꿇고, '참아 주십시오. 다 갚겠습니다' 하고 애원하였다. 주인은 그 종을 가엾게 여겨서, 그를 놓아주고, 빚을 없애 주었다. 그러나 그 종은 나가서, 자기에게 백 데나리온 빚진 동료 하나를 만나자, 붙들어서 멱살을 잡고 말하기를 '내게 빚진 것을 갚아라' 하였다. 그 동료는 엎드려 간청하였다. '참아 주게. 내가 갚겠네.'

그러나 그는 들어주려 하지 않고, 가서 그 동료를 감옥에 집어넣고, 빚진 돈을 갚을 때까지 갇혀 있게 하였다.

한 달란트는 금 34킬로그램이고, 2020년 현재 시세로 약 22억 원입니다. 그렇다면 만 달란트는 약 22조 원입니다. 그렇다면 백 데나리온의 가치는 얼마입니까? 한 데나리온은 노동자 하루 품삯입니다. 평균 품삯을 10만 원이라고 한다면 백 데나리온은 약 1,000만 원입니다. 22조 원을 탕감받은 종이 1,000만 원 빚진 동료를 감옥에 처넣은 것입니다.

예수님은 이야기를 이어 가셨습니다. 마태복음 18장 31-33절을 보겠습니다.

다른 종들이 이 광경을 보고, 매우 딱하게 여겨서, 가서 주인에게 그 일을 다 일렀다. 그러자 주인이 그 종을 불러다 놓고 말하였다. '이 악한 종아, 네가 애원하기에, 나는 너에게 그 빚을 다 없애 주었다. 내가 너를 불쌍히 여긴 것처럼, 너도 네 동료를 불쌍히 여겼어야 할 것이 아니냐?'

왕은 매우 화가 나서 그 종을 감옥에 넣고, 자기에게 진 빚을 다 갚을 때까지 감옥에 있게 했습니다. 이것은 우리가 다른 사람을 용서하면 하나님도 우리를 용서하신다는 조건을 교훈하지 않습니다. 이 이야기의 강조점은 우리가 하나님께 큰 용서를 받은 사람이니 다른 사람의 허물과 잘못을 용서해야 한다는 데 있습니다. 다른 사람을 용서하라고 하나님이 우리에게 말씀하시는 이유는 먼저는 나를 보호하고 나를 자유하게 하기 위함입니다. 상대의 잘못된 말과 행동으로 분노와 괴로움에 빠지고 연약해짐을 보호하기 위해 용서하라고 말씀하십니다.

세브란스병원 소아정신과 의사인 송동호 박사에 의하면, 서구권에서는 1990년대부터 용서에 관한 과학적 연구를 시작했다고 합니다. 오늘날 용서는 의학, 심리학 등에 적용됩니다. 현대 의학에서는 용서하지 못하는 사람은 우울증, 적개심, 분노, 편집사고, 대인관계 예민도가 높다고 평가합니다. 우리가 다른 사람을 용서해야 하는 또 다른 이유는 가해자를 변화시킬 수 있고 화해의 가능성을 높여 주기 때문입니다. 물론 이것은 전적으로 상대의 선택에 달려 있지만, 상대의 뉘우침과 회복 가능성을 높이는 일은 나의 용서에 영향을 받기 때문입니다. 용서해야 하는데 용서하지 못한 적은 없습니까?

하나님 나라와 아가페 사랑

마가복음 12장 28-34절입니다.

서기관 중 한 사람이 그들이 변론하는 것을 듣고 예수께서 잘 대답하신 줄을 알고 나아와 묻되 모든 계명 중에 첫째가 무엇이니이까 예수께서 대답하시되 첫째는 이것이니 이스라엘아 들으라 주 곧 우리 하나님은 유일한 주시라 네 마음을 다하고 목숨을 다하고 뜻을 다하고 힘을 다하여 주 너의 하나님을 사랑하라 하신 것이요 둘째는 이것이니 네 이웃을 네 자신과 같이 사랑하라 하신 것이라 이보다 더 큰 계명이 없느니라 서기관이 이르되 선생님이여 옳소이다 하나님은 한 분이시요 그 외에 다른 이가 없다 하신 말씀이 참이니이다 또 마음을 다하고 지혜를 다하고 힘을 다하여 하나님을 사랑하는 것과 또 이웃을 자기 자신과 같이 사랑하는 것이 전체로 드리는 모든 번제물과 기타 제물보다 나으니이다 예수께서 그가 지혜 있게 대답함을 보시고 이르시되 네가 하나님의 나라에서 멀지 않도다 하시니 그 후에 감히 묻는 자가 없더라

　　예수님의 성전 대화 장면입니다. 성전 대화들은 서기관과 바리새인들이 곤란한 질문으로 예수님을 걸려 넘어지게 하려는 데 목적이 있었습니다. 본문에 나온 질문도 예수님을 시험하려고 던진 것입니다. 하지만 예수님은 정말 중요한 내용을 쉽게 대답해 주십니다. 저의 생각에는 서기관이 "구약의 모든 계명 중에 무엇이 가장 중요합니까?" 하고 물었을 때, 예수님은 속으로 너무 기뻐하셨을 것 같습니다. 왜냐하면 예수님이 그렇게 강조하

고 또 강조하고 싶은 말을 하도록 해주었기 때문입니다.

본문의 말미를 보면, 예수님이 서기관에게 "네가 하나님 나라에서 멀지 않다"라고 하십니다. 예수님의 첫째 계명, 둘째 계명에 대한 설명을 이해한 서기관은 하나님 나라에 근접했다는 이야기입니다. 이 계명을 이해하고 실천하는 것이 하나님 나라에서 매우 중요하다는 말씀입니다. 만약 이 서기관이 예수님을 메시아로 믿기만 했다면, 우리처럼 완전히 하나님 나라에 참여할 수 있었을 것입니다.

신앙생활을 좀 했고 성경을 몇 번 읽은 분이라면 오늘 예수님이 말씀하신 계명을 잘 알고 계실 것입니다. 첫째 되는 계명이 무엇이라고 말씀하셨습니까? 30절에 나와 있습니다. "네 마음을 다하고 목숨을 다하고 뜻을 다하고 힘을 다하여 주 너의 하나님을 사랑하라"입니다. 이 말씀은 신명기 6장 5절에 나오며, '쉐마'라고 하여, 예수님 당시 유대인들이 아침저녁으로 외우던 말씀입니다. 그리고 둘째 계명은 31절에 나온 "네 이웃을 네 자신과 같이 사랑하라"입니다. 이 말씀은 레위기 19장 18절에 나오는 말씀입니다.

저는 오늘 본문을 묵상하며 이 말씀을 더 잘 이해하고, 나아가 생활에서 행동으로 잘 옮길 수 있는 방법은 무엇일까 고민했습니다. 그러다 이렇게 생각해 보았습니다. '본문에 나오는 계명의 순서를 거꾸로 생각해 보면 어떨까?' 우리가 평소 읽는 대로 하면 첫째는 '하나님 사랑', 둘째는 '네 이웃을 네 자신과 같이 사랑하라'입니다. 그런데 둘째 계명을 자세히 보면 하나의 사랑이 더 포함되어 있습니다. 이웃 사랑을 위해 전제되는 사랑으로, '자기 자신을 사랑하라'는 명령입니다. 이것을 셋째 계명으로 생각해 보겠습니다.

이 3가지 계명들의 순서를 거꾸로 놓아 보겠습니다. 제일 먼저 사랑해야 할 대상은 누구입니까? 자기 자신입니다. 두 번째는 이웃, 세 번째는 하나님입니다. 거꾸로 놓아 본 이유는 보이는 사람을 사랑하지 못하는 사람은 보이지 않는 하나님을 사랑할 수 없기 때문입니다. 요한일서 4장 20절에 "누구든지 하나님을 사랑하노라 하고 그 형제를 미워하면 이는 거짓말하는 자니 보는 바 그 형제를 사랑하지 아니하는 자는 보지 못하는 바 하나님을 사랑할 수 없느니라"라고 말씀합니다. 그러니까 자신을 사랑하는 사람이 이웃 사랑을 알고, 이웃을 사랑하는 사람이 하나님 사랑하는 법을 알고 실천할 수 있습니다. 먼저 자신을 사랑하기에 대해, 둘째 이웃 사랑, 마지막으로 하나님 사랑에 대해 살펴보고자 합니다.

첫째, 자기 자신을 사랑하라

체중계에 오르는 일이 지옥 같은 사람이 있습니다. 거울로 자기 얼굴을 보기 싫어하는 사람도 있고, 괜찮은 등산복이 없어서 산에 못 가는 사람도 있습니다. 어떤 사람은 못 배운 것이 평생 한이 되어 기를 펴지 못합니다. 어떤 사람은 돈이 없고 가난해서 늘 주눅 들어 있습니다. 어떤 사람은 다른 사람이 잘되면 배가 아파서 평생 축하나 칭찬할 줄을 모릅니다. 마음이 돌처럼 굳어서 불행한 일을 당한 누군가를 위해 함께 슬퍼하거나 위로해 주지 못하는 이도 있습니다. 자존감이 낮아서 금방 마음이 상하고 비판을 받으면 죽고 싶어지는 사람도 있습니다. 이런 분들은 오른쪽 끝에 앉아 있어서 자신을 수용하지 못하고 사랑하지 못하는 사람들입니다.

반대로 저 왼쪽 끝에 있는 사람들도 있습니다. 이 사람은 거울을 보며 자기가 너무 잘생겼다고 생각합니다. 자기는 정말 조각 미인이고 최고라고 생각합니다. 게다가 재정적 여유까지 있으면 남들이 자기를 특별 대접해야 한다고 생각합니다. 웬만한 것은 돈으로 다 해결된다고 여기기 때문입니다.

그렇다면 오늘 성경이 말씀하는 자기 사랑은 무엇일까요? 저에게는 두 아들이 있습니다. 한번 상상해 보았습니다. 두 아들이 저와의 관계 속에서 안정감과 함께 사랑과 존중을 받아서 '세상이 내 것 같다'고 여겼던 적이 있을까? 처음에는 잘 생각나지 않았습니다. 그런데 두 아이가 어릴 때 함께 등산을 다니던 일이 떠올랐습니다.

뉘엿뉘엿 해가 져 갈 즈음 텐트를 치고 네 식구가 둘러앉아 있습니다. 늦은 저녁밥을 먹은 후 아이들과 두런두런 이야기를 합니다. 잘 시간이 되어 "큰아들! 작은아들! 사랑한다. 달님과 별님을 친구 삼아 잘 자거라. 굿나잇!" 하며 볼에 뽀뽀를 합니다. 그렇게 엄마 아빠와 함께 산속에서 잠을 청하는 두 아들을 그려 봅니다. 두 아들이 생각합니다. 엄마 아빠와 산속에서 잠을 자니 정말 좋다! 나는 이 지구와 저 별과 달이 떠 있는 우주에서 가장 멋지고 행복한 사람이다!

사실 두 아들의 마음은 모르겠지만, 그때를 떠올려 보니 너무 행복해졌습니다.

성경에서는 하나님과의 관계가 자기 자신을 사랑하는 것과 밀접한 관련이 있다고 말씀합니다. 우리가 알다시피 인간이 하나님 앞에 범죄한 후에는 자기 자신을 올바로 바라볼 수 없게 되었습니다. 범죄 이전에도 벌거벗었으나 부끄러워하지 않았던 아담과 하와가 선악과를 먹은 후에는 눈이 밝아져서 자신들이 벌거벗고 있음을 깨달았습니다. 성경은 인간이 죄악 가운데 살 때에는 자기를 바라보는 눈이 달라지고 마음에 변화가 생겨서 자기 자신을 바르게 사랑하지 못하도록 한다고 말씀합니다.

그런데 이와 반대로, 하나님이 범죄한 인간을 아주 긍정적으로 바라보시고 사랑한다고 하시며, 아주 흐뭇해하시는 장면이 성경에 나옵니다. 첫 번째는 출애굽기 19장 5, 6절입니다.

세계가 다 내게 속하였나니 너희가 내 말을 잘 듣고 내 언약을 지키면 너희는 모든 민족 중에서 내 소유가 되겠고 너희가 내게 대하여 제사장 나라가 되며 거룩한 백성이 되리라 너는 이 말을 이스라엘 자손에게 전할지니라

하나님은 불과 2, 3개월 전에 애굽에서 종살이하던 이스라엘 백성을 구원하셨습니다. 그리고 모세의 인도로 이스라엘 모든 백성이 갈라진 홍해를 건너면서 합동 세례를 받습니다. 그리고 시내산에서 언약을 맺으며, 여호와 하나님이 사랑하는 눈으로 이스라엘 백성을 바라보시고 최고의 고백을 하십니다. 마치 결혼한 신랑이 신부에게 고백하고 청혼하듯이 "이제 당신은 내 것이야, 나는 당신 것이고. 당신은 나의 보석이야!"라고 하십니다. 이 말을 듣는 이스라엘 백성은 기분이 어땠을까요? 생애 최고의 날이었을 것입니다. "야웨 하나님이 나한테 이렇게 말했다고. 하나님이 나를 정말로 사랑하신대." 나는 누구입니까? 하나님의 신부, 애인, 하나님이 사랑하시는 사람입니다.

두 번째는 마태복음 3장 16, 17절입니다.

예수께서 세례를 받으시고 곧 물에서 올라오실새 하늘이 열리고 하나님의 성령이 비둘기같이 내려 자기 위에 임하심을 보시더니 하늘로부터 소리가 있어 말씀하시되 이는 내 사랑하는 아들이요

내 기뻐하는 자라 하시니라

이 본문에서도 하나님은 세례를 받고 물에서 올라오시는 예수님께 기쁨과 사랑이 넘치는 최고의 찬사로 고백하십니다. "이 예수는 내 사랑하는 아들이야. 아들아, 내가 너를 사랑한다! 이 예수는 내가 기뻐하는 아들이야. 아들아, 내가 너 때문에 기쁘다!" 이 말을 듣는 예수님의 기분은 최고였을 것입니다. '나는 하나님이 인정하고 사랑하는 존재다. 나는 존재 자체가 하나님을 기쁘시게 하는 존귀한 자이다.' 이렇게 생각하셨을 것입니다.

이 두 말씀에서 공통적으로 선행되는 것은 바로 '세례'입니다. 세례가 중요합니다. 로마서에서 세례는 예수와 함께 죽고, 예수와 함께 다시 사는 것이라고 말씀합니다. 물로 받는 세례 예식은 단 한 번이지만, 영적 의미의 세례는 매일, 매순간 받아야 합니다. 구약의 제사장들이 매일 성막의 물두멍에서 씻었듯이, 우리도 매일 물로 씻듯이 자기를 부인하고 옛사람을 십자가에 못 박아야 합니다.

성경은 우리에게 자기 자신을 올바르게 사랑하는 법을 보여 줍니다. 날마다 옛사람, 잘못된 습관, 옛 자아, 죄책감, 돈을 사랑하고 권력과 지위를 탐함, 포르노를 즐기고 성적으로 음란함, 술 취함, 사나움, 욕함, 화냄, 세상적·정욕적·마귀적인 모든 성향과 습성들을 죽여야 합니다. 사도 바울이 "나는 날마다 죽노라"라고 말씀한 것도 이런 것을 의미합니다.

만약 저와 여러분이 매일 영적인 세례를 경험한다면 우리는 놀라운 체험들을 하게 될 것입니다. 바로 하나님이 "너는 나의 소유다"라고 이스라엘 백성에게 하셨던 말씀, "너는 내 사랑하는 자, 내가 기뻐하는 자다"라고 예수님에게 하셨던 말씀을 매일 매순간 듣게 될 것입니다.

우리를 창조하신 주님의 이 음성이 들릴 때 우리는 비로소 예수 안에서 새롭게 된 자신을 보고 진심으로 사랑하게 됩니다.

둘째, 이웃을 사랑하라

이웃 사랑은 엄밀히 말하면 첫 번째 사랑인 자기를 사랑하는 사람이 할 수 있습니다. 옛 사람은 죽고, 예수와 함께 사는 새 사람이어야만 이웃을 사랑할 수 있습니다. 옛 자아, 옛 사람, 옛 습관이 살아 있는 사람이 하는 이웃 사랑은 체면치레에 불과하거나 상처를 주기 십상입니다.

어떤 교회는 사회봉사를 한다고 소문은 났는데, 일꾼들이 부정직하게 자기 주머니를 챙깁니다. 이웃을 배려하는 마음 없이 형식적으로 이웃을 돕다가 이웃에게 도리어 상처를 남깁니다. '내가 명색이 장로이니 이 정도는 도와준다!' 그래야 체면이 선다고 여깁니다. 교회 예산에서 적어도 이 정도는 구제해야 할 것 같아 마지못해 구제와 봉사로 지출합니다.

흔하지만 잘 알아차리지 못하는 잘못도 있습니다. 자기 의로 봉사하는 경우입니다. 자기 의로 섬깁니다. 돕고 베푸는 주체가 '나'라고 착각합니다. 내가 도왔고, 내가 힘썼고, 내가 살렸고, 내가 했다고 합니다. 지역사회를 이렇게 돕고, 선교비를 이렇게 많이 지출하는 우리 교회가 좋은 교회, 우리 성도들이 좋은 성도들이라고 합니다. 하지만 우리가 도왔다고 생각하고 우리를 강조하기 시작하면 부패가 시작됩니다. '자기 의'라는 덫에 빠지는 것입니다.

오늘 본문과 내용상으로 평행 본문을 이루는 누가복음 10장을 보면, 그 유명한 선한 사마리아 사람에 관한 말씀이 있습니다. "네 이웃을 네 자신같이 사랑하라"라고 예수께서 말씀하시자, 율법교사가 자기를 옳게 보이려고 예수께 질문합니다. "그러면 내 이웃이 누구입니까?" 이때 예수님은 선한 사마리아인 이야기를 해주십니다. 이 이야기에는 세 종류의 인간이 나옵니다.

첫째는 강도입니다. 자기 이익만 추구하는 동물적 수준의 사람입니다. 둘째는 제사장, 레위인입니다. 양심적 수준에서 행동하는 도덕적인 사람입니다. 셋째는 사마리아인입니다. 책임적 존재입니다. 은총을 베푸는 은총의 사람입니다. 예수님은 누가 내 이웃이냐는 물음에, 내가 어떤 존재일 때 이웃이 될 수 있는지를 말씀하십니다. 우리가 철저히 '하나님의 자녀'라는 존재 의식, 내가 하나님의 것이라는 존재 의식이 있으면 그때 비로소 은총을 베푸는, 은총을 흘려 보내는 사람이 될 수 있다고 말씀하십니다.

오늘 본문의 마태복음 평행 구절은 22장 34-40절입니다. 마지막 40절에서 "이 두 계명이 온 율법과 선지자의 강령이니라"라고 예수께서 말씀하십니다. 이 말씀은 마태복음의 중요한 가르침을 생각나게 합니다. 바로 마태복음 5, 6, 7장의 산상수훈입니다. 마태복음 5장 17절에서 "내가 율법이나 선지자를 폐하러 온 줄로 생각하지 말라 폐하러 온 것이 아니요 완전하게 하려 함이라"라고 하십니다. 산상수훈에서 예수님은 구약의 율법들을 새롭고 정확하게 해석하셨습니다. 분노와 멸시와 정욕을 어떻게 극복하는지 말씀하시고, 말장난과 앙갚음과 복수 그리고 멋진 외모와 안전한 부에 대한 짐과 염려를 어떻게 벗어 버리는지를 말씀하셨습니다. 이를 극복하고 벗어 버리려면 훈련과 연습이 필요합니다.

이 산상수훈의 최고봉은 마태복음 5장 43-45절입니다.

또 네 이웃을 사랑하고 네 원수를 미워하라 하였다는 것을 너희가 들었으나 나는 너희에게 이르노니 너희 원수를 사랑하며 너희를 박해하는 자를 위하여 기도하라 이같이 한즉 하늘에 계신 너희 아버지의 아들이 되리니 이는 하나님이 그 해를 악인과 선인에게 비추시며 비를 의로운 자와 불의한 자에게 내려주심이라

이웃을 사랑하는 데는 원수를 사랑하는 것도 포함됩니다. 교회가 세상의 본이 되고 그리스도인이 세상 사람과 구별되는 확연한 차이점이 여기에 있습니다. 정리하면 다음과 같습니다.

첫째는 '원수 갚지 말라'입니다. 예수께서 인용하신 레위기 19장 18절에서는 "원수를 갚지 말며 동포를 원망하지 말며 네 이웃 사랑하기를 네 자신과 같이 사랑하라"라고 말씀합니다. 원수 갚음은 하나님께 있기 때문입니다. 하나님이 공의와 정의로 심판하십니다. 우리에게 그것을 신뢰하고 맡기라고 하십니다.

둘째는 '기도하라'입니다. "너희를 괴롭히고 멸시하고 증오하고 박해하는 사람들을 위하여 기도하라"라고 말씀합니다. 원수 때문에 힘들어서 기도하면, 하나님이 나를 만지십니다. 감정도 만져 주시고 생각도 바로잡아 주십니다. 사랑할 힘도 주시고 방법도 인도하십니다.

셋째는 '사랑하라'입니다. 여기 사용된 '사랑하라'라는 단어는 '아가파오'로, 아가페 사랑을 말합니다. 바로 고린도전서 13장에 나오는 사랑입니다. 이 사랑은 오래 참고, 온유하고, 시기하지 않고, 자랑하지 않으며, 교만하지 않으며, 무례히 행치 않고, 자기 유익을 구하지 않습니다. 사랑은 감정을 넘어서는 결단이요 행동입니다.

이러한 '이웃 사랑, 원수 사랑'은 노력으로는 따라 할 수 없습니다. 우리 존재 자체가 하나님 안에 있어야 가능합니다. 예수님이 말씀하신 "너희가 내 안에 내 말이 너희 안에 있을 때" 가능합니다. 원수를 사랑할 수 없지만, 나를 사랑하고 용서하신 예수님 때문에, 내 안에 사시는 예수님 때문에, 우리는 비로소 원수를 용서하고 사랑합니다.

셋째, 하나님을 사랑하라

하나님 사랑은 교회의 직분과는 상관없습니다. 목사라고 하나님을 많이 사랑하고 하나님께 더 사랑받는 것도 아닙니다. 장로, 권사, 안수집사가 되고 교회에 오래 다녔다고 해서 하나님 사랑이 두 배 세 배가 되는 것도 아닙니다. 직분은 사역과 밀접하게 연결된 소중한 것이고, 신앙의 연수는 성숙을 위한 자산입니다. 그렇지만 하나님을 사랑하는 마음이 타성에 젖게 되면, 하나님이 싫어하시고 책망하실 뿐입니다.

하나님께 드리는 헌물인 '고르반'을 빙자하여 부모를 공경하지 않는 이스라엘은 질책을 받았습니다. 온전한 예물을 드려야 하는데 눈먼 가축, 다리 저는 가축을 바친 이스라엘을 하나님은 싫어하셨습니다. 그렇기 때문에 신앙생활을 하면 할수록 지금 내가 어떻게 하나님을 사랑하는지를 자주 돌아보아야 합니다.

신명기 27장을 보면, 하나님은 이스라엘 백성에게 목적지인 가나안 땅에 들어가 제일 먼저 해야 할 일을 말씀하십니다.

하나님이 중요하게 생각하시는 점은 무엇일까요?

첫째는 율법과 규례, 즉 하나님의 말씀입니다. 에발산에 큰 돌비를 세우고 석회를 바른 후, 그 위에 하나님의 말씀을 분명하게 써서 세우라고 하셨습니다. 하나님은 당신의 말씀을 중요하게 생각하십니다.

둘째는 돌비 앞에 다듬지 않은 돌로 제단을 쌓은 후, 번제와 화목제를 드리라고 하십니다. 번제는 하나님과 나와의 바른 관계를 위한 제사입니다. 화목제는 이웃과의 바른 관계를 위한 제사입니다. 결국 제사보다 예배보다 선행되어야 할 것은 하나님의 말씀입니다. 이 말씀을 돌에 새기듯이 마음에 새기고 순종하는 것이 가장 중요합니다.

마지막으로 예배입니다. 구약의 제사를 폐하신 예수님은 "영과 진리로 예배하라"라고 하셨습니다. 하나님의 말씀이 바르게 해석되고 선포되며, 영이신 하나님을 만나는 예배를 드리라는 말씀입니다. 어떤 예배입니까? 주의 영이 임재하시기 때문에 감격과 감사와 기쁨이 넘치는 예배입니다. 때로는 주체할 수 없는 눈물이 흐르고, 때로는 솟구쳐 오르는 희열이 있고, 어떤 때는 깊은 찔림으로 아픔과 통회와 자복하는 회개가 있고, 어떤 때는 비둘기같이 임하는 성령의 임재가 있어서 세상에서는 맛볼 수 없는 진정한 평안이 있는 예배입니다.

말씀이 꿀보다 달고, 찬양이 깊은 영감 속에 드려지고, 기

도는 아름다운 향연이 되어 하나님의 마음과 성도들의 마음에
감동을 주는 예배입니다. 그리고 이 예배가 삶의 자리에서 우리
의 언행심사(言行心事)로 흘러넘치는 예배가 바로 산제사입니다.

적용하기

◈ 사진으로 쓰는 자서전을 만들어 보세요. 먼저 자서전의 주제를 정하고, 내 인생의 전환점이 되었던 이야기들을 어떤 순서로 구성할지 계획을 세우십시오. 시간 순서에 따라 연대기별로 정리할 수도 있고, 장소나 주제에 따라(즐거움, 슬픔, 아쉬움 등) 분류할 수도 있습니다. 그리고 사진첩의 부근에 사진에 얽힌 소중한 사연을 기록합니다. 사진만이 아니라 소중한 추억이 깃든 서류(임명장, 청첩장, 발령장 등)를 첨부해도 됩니다. 자신의 연대표를 넣어도 좋고, 자신을 중심으로 3-4대에 걸친 가계도를 그려서 첨부해도 됩니다. 사진으로 만든 자서전을 소개하는 시간을 가져 보세요.

◈ 내 인생에서 용서하기 어려운 사건들이나 사람들이 있는지 생각해 보세요. 그리고 화해하고 싶은 사람이 있다면 적어 보세요. 또한 나는 용서하고 화해할 수 있는지 곰곰이 생각해 보고 어떻게 해야 할지 적어 보세요.

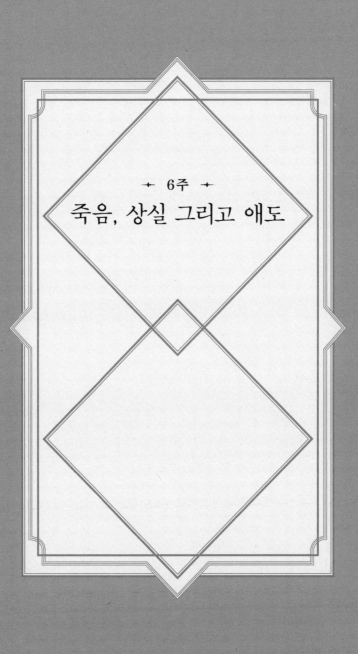

+ 6주 +

죽음, 상실 그리고 애도

생각하기

◈ 내가 애통해할 때 가장 잊지 못할 위로는 무엇이었나요? 그렇게 생각하는
  이유를 적어 보세요.

오호 통재라

우리는 살아가면서 수많은 상실을 경험합니다. 아끼던 가방, 양산이나 우산, 휴대전화, 필기구, 수첩, 안경, 지갑을 잃어버렸을 때 상실감을 느낍니다. 정든 고향 산천을 떠난 실향민, 이재민, 수몰지구 이주자, 전쟁 난민, 이민자가 되었을 때, 불가피한 상황으로 정든 집 혹은 추억이 깃든 일터를 떠날 때, 감동과 추억이 깃든 찻집, 빵집, 골목길 그리고 나만의 장소가 사라졌을 때에도 깊은 상실감을 느낍니다.

우리는 이별을 통해서도 상실감을 느낍니다. 정들었던 반려동물과의 이별도 있습니다. 이사를 하거나 직장을 옮겨 다니며, 유치원부터 학교를 졸업할 때마다 좋은 이웃들과 절친들과 정든 직장 동료들과 이별을 합니다. 어쩔 수 없이 교회를 옮기게 되면서 마음을 나누던 성도들과도 이별을 합니다.

하지만 무엇보다 사별의 상실감은 이루 말할 수 없는 고통입니다. 친척, 조부모, 부모, 형제들……. 무엇보다 가슴속에 묻는 자식과의 사별은 결코 돌이킬 수 없는, 살을 도려내는 듯한 상실감을 가져옵니다. 마치 우리 몸이 상처를 입으면 통증을 느끼듯이 가까운 사람의 죽음으로 인한 상실은 슬픔을 가져옵니다.

사별로 인해 슬픔을 당한 사람은 적절한 장례의식과 주변의 도움으로 다시 일상으로 돌아오지만, 심각한 위험에 처하는 경우도 가끔 있습니다. 어떤 사람들에게는 우울증, 대인기피증 그리고 삶의 포기를 가져오기도 합니다. 사별의 슬픔에 대한 적절한 애도가 도움이 되지만 사람마다 방법과 기간은 천차만별입니다. 적절한 애도 과정을 거쳐 다시 일상으로 돌아왔다고 해서 이전의 상태로 회복되었다고는 볼 수 없습니다. 죽음은 결코 되돌릴 수 없기 때문입니다. 애도의 과정을 거친 사람은 일상으로 돌아왔지만 새로운 시각으로 세상을 바라볼 수밖에 없게 됩니다.

이 장에서는 사별의 슬픔에 대한 애도 과정을 기독교적이고 성경적인 입장에서 살펴보려고 합니다. 우리가 이 애도 과정을 잘 이해하면, 어쩔 수 없이 겪게 되는 사별의 슬픔을 이겨 내는 데 큰 도움이 됩니다. 동시에 주변 사람들이 슬픔을 당할 때 큰 도움을 줄 수 있게 됩니다.

성경에서의 애도

성경에는 죽음으로 인한 슬픔을 애통해하는 장면이 많습니다. 창세기 23장 2절에는 사라의 죽음을 슬퍼하는 아브라함, 37장 34, 35절에는 사랑하는 아들 요셉이 죽어 슬퍼하는 야곱, 50장 3절과 10절에는 애굽 사람들이 70일을 곡하고 많은 이들을 애통하게 한 야곱의 장례가 나옵니다.

신명기 34장 8절에서는 이스라엘 백성을 40년간 인도했던 지도자 모세가 죽자 그를 애도합니다. 요한복음 11장 33-35절을 보면, 예수님은 평소 가까이 교제하던 나사로의 죽음을 슬퍼하십니다. 예수님은 나사로의 누이 마리아와 또 함께 온 유대인들이 우는 모습을 보시고 심령에 비통히 여기시고 불쌍히 여기셨습니다. 그리고 눈물을 흘리셨습니다. 사도행전 8장 2절에는 예수님의 제자들과 초대교회 성도들이 첫 번째 순교자 스데반을 애도하는 광경이 나옵니다.

이렇듯 성경에는 우리가 이 세상에서 당하는 사별의 슬픔을 애도하는 모습이 곳곳에 등장합니다. 그리고 죽음을 애도하는 다양한 방법과 기간을 말씀합니다. 이러한 성경 말씀을 통해 무엇을 알 수 있을까요? 죄와 허물로 죽음을 맞이하고 상실감을 경험하는 사람들을 보시고 하나님은 슬퍼하십니다. 가까운 사람들의 죽음 때문에 겪는 우리의 상실감을 하나님은 이해하십니다. 죽음 때문에 슬퍼하고 두려워하는 우리를 그분은 감싸 주십니다.

죽음학에서의 슬픔 이해

죽음학에서는 사별로 인한 슬픔 심리이해 이론 중 다음의 두 이론을 중요시합니다.

먼저는 스위스 태생의 미국 정신과 의사였던 퀴블러 로스
의 이론입니다. 간단하게 소개하면 다음과 같습니다.[28]

첫 번째, 부인 단계입니다. 사별의 현실을 받아들이지 않고
부인합니다. 마치 죽은 남편이나 자식이 살아 있는 것처럼 생각하
고 행동합니다. 갑작스러운 충격에 대해 심리적으로 완충작용을
하며 강경하게 보호하는 심리 단계입니다. 두 번째, 분노 단계입
니다. 사랑하는 사람의 죽음을 자신의 잘못으로 여기거나 의사 또
는 타인의 잘못으로 책임을 전가하고 분노를 표출하는 단계입니
다. 세 번째, 타협 단계입니다. 죽은 사람 없이 살면 절대자의 보
상이 있으리라 생각합니다. 책임 의식과 책임 수행에 대한 보상
을 기대합니다. 네 번째, 우울 단계입니다. 사별 후에 일상으로
돌아와 책임을 수행하지만 다시 슬픔에 잠겨서 애도의 과정을
겪으며 우울감을 벗어나지 못합니다. 다섯 번째, 적응 단계입니
다. 수차례의 부정, 분노, 타협, 우울의 단계를 반복하며 사별의
현실에 적응합니다.

다음 이론은 앞서 소개한 알폰스 디켄의 이론입니다. 알폰

---

28   Elisabeth Kübler-Ross, 《On Death and Dying》, 권순만 역, 《죽음의 순간》(자유문학
      사, 1981), 《On life after death》, 최준식 역 《사후생》(대화문화아카데미, 2009) 참고.

스 디켄은 12단계로 슬픔에 대한 애도를 설명합니다. 제가 보기에 알폰스 디켄의 이론은 퀴블러 로스의 5단계를 포함하는 더욱 세분화된 이론입니다.[29]

첫 번째, 정신적 타격과 마비입니다. 사랑하는 사람의 죽음으로 인해 일시적으로 현실 감각이 마비된 상태입니다. 두 번째, 부인 단계입니다. 로스의 이론과 같습니다. 세 번째, 패닉 단계입니다. 죽음에 직면한 공포에서 극도의 패닉 상태에 빠지고, 집중력이 떨어지며 일상에 지장을 가져옵니다. 네 번째, 분노 단계입니다. 로스의 이론과 같습니다. 다섯 번째, 적의와 원망입니다. 주위 사람들이나 고인에게 적의나 원망이라는 형태의 감정이 나타납니다.

여섯 번째, 죄의식 단계입니다. 과거의 일에 대한 후회로 자신을 책망합니다. 일곱 번째, 공상 형성과 환영 단계입니다. 공상 속에서 죽었던 사람이 다시 살아왔다고 착각하여 실생활에서도 그렇게 행동합니다. 여덟 번째, 우울 단계입니다. 로스의 이론과 같습니다. 아홉 번째, 정신적 혼란과 무관심 단계입니다. 생활 목표를 잃어버린 공허감으로 어떻게 하면 좋을지 몰라 인생의 모든 면에 무관심해집니다. 열 번째, 타협 단계입니다. 로

---

29   Alfons Deeken, 《生と死の敎育》, 전성곤 역, 《인문학으로서의 죽음교육》, 88-92쪽.

스의 수용 단계 이론과 같습니다.

열한 번째, 유머와 웃음의 재발견 단계입니다. 유머와 웃음은 건강한 생활에서 빼놓을 수 없는 요소이며 슬픔을 극복하려는 표시입니다. 열두 번째, 희생 단계입니다. 로스의 적응 단계 이론과 같습니다. 새로운 정체성을 획득하여 성숙한 인격자로 성장하는 예가 많습니다.

죽음으로 인한 슬픔 차원에서 가장 일반적으로 사용하는 분류 방법은 월팰트[30]가 제시하는 방법일 것입니다. 월팰트가 제시하는 방법을 자세히 예를 들어 설명하겠습니다.[31]

죽음으로 인한 첫 번째 슬픔 차원은 '회피'입니다

사랑하는 이를 잃으면 큰 충격을 받습니다. 감각이 없어집니다. 사랑하는 사람이 죽지 않았다고 생각합니다. 죽음을 받아들이지 못하고, 믿지 못하는 상태에 놓입니다.

'참척'의 고통과 슬픔을 아십니까? 참척이란 자손이 부모나 조부모보다 먼저 죽는 것을 말합니다. 소설가 박완서 씨는 4녀

30　월팰트(Alan Wolfelt)는 애도상담학자(Grief Counselor)이며 "슬픔을 현명하게 극복하는 법", "사랑하는 사람을 잃은 후에 살아가는 법" 등을 강연하는 강연자이다. 자세한 활동 사항과 저서는 https://www.centerforloss.com/을 참고하라.

31　삶과죽음을생각하는회 편, 《웰다잉 교육 매뉴얼》, 299-302쪽.

1남을 두었습니다. 1988년 이 땅에 올림픽이 열리던 해, 그는 넉 달 사이에 남편과 아들의 죽음을 겪었습니다. 가톨릭 신자인 그녀가 이 경험을 일기문 형식으로 쓴 책이《한 말씀만 하소서》입니다. 참척의 슬픔에 잠긴 그의 경험에서 슬픔의 회피 차원을 볼 수 있습니다. 박완서 씨의 아들은 장래가 촉망되던 마취과 레지던트 의사였는데 돌연사로 죽게 됩니다. 당시 아들의 나이는 26세였습니다.

《한 말씀만 하소서》 9월 16일 일기에는 다음과 같이 쓰여 있습니다.

> 아침엔 눌은밥을 폭 끓인 걸 한 공기나 먹었다. 균열이 생긴 것처럼 메마른 혀와 식도에 상쾌한 통증을 느낀다. 구수한 냄새도 좋았다. 딸이 눈을 빛내면서 좋아했다.
> 이렇게 해서 차츰 먹고 살게 되려나 보다. 이런 생각이 들자마자 이내 그럴 수 없다는 강한 반발이 치밀었다. 자식을 앞세우고도 살겠다고 꾸역꾸역 음식을 처넣는 에미를 생각하니 징그러워서 토할 것 같았다. 격렬한 토악질이 치밀어 아침에 먹은 걸 깨끗이 토해 냈다. 그러면 그렇지 안심이 되면서 마음이 평온해졌다.[32]

---

32   박완서, 《한 말씀만 하소서》(세계사, 2007), 42쪽.

죽음으로 인한 두 번째 슬픔 차원은 '직면'입니다

사랑하는 이를 잃으면 혼란에 빠집니다. 죽은 사람을 찾습니다. 눈에 보이지 않으니 그리워합니다. 불안해하며 패닉에 빠지고 두려워합니다. 죽음의 원인을 생각하며 후회하고 죄책감에 사로잡힙니다. 죽은 이에 대한 상실감으로 무척 슬퍼합니다. 하지만 한편으로는 죽음으로 인한 해방감에 안도합니다.

《한 말씀만 하소서》에 수록된 9월 어느 날 일기입니다.

저녁 무렵에 노순자 씨로부터 전화를 받았다. 아들 잃고 나서 처음 듣는 그의 목소리에 나는 울음부터 치밀었다. 내 아들 자라는 걸 어려서부터 지켜보았고 그 또한 외아들을 기르고 있으니 내 비통을 헤아리는 마음도 남다르리라는 걸 알기 때문에 더욱 복받치는 통곡을 참을 수가 없었다. 몇 마디 하다가 그냥 끊었다. 울음과 함께 온종일 살얼음판을 밟듯이 참아 내던 포악과 울음이 복받쳤다. 내 아들의 죽음의 의미는 뭘까? 죽음 후에는 만남이 있을까? 그 애의 죽음은 과연 피할 수 없는 운명이었을까? 신이 있기는 있는 것일까? 인간의 기도나 선행과는 상관없이 인간으로 하여금 한 치 앞도 못 내다보게 눈을 가려 놓고 그 운명을 마음대로 희롱하는 신이라면 있으나마나 아닐까?[33]

죽음으로 인한 세 번째 슬픔 차원은 '조정'입니다

이 단계에서는 고인과의 관계를 기억으로 전환시킵니다. 이제 새로운 미래를 위해 자신의 삶을 계획합니다. 삶의 다른 변화들에 대해 개방적이 됩니다. 새로운 정체성을 만드는 과정입니다.

박완서 씨는 아들이 죽은 후 얼마간의 시간이 지난 뒤 이렇게 쓰고 있습니다.

> 역설적인 얘기가 될지도 모르지만 나의 홀로서기는 내가 혼자가 아니었기 때문에 가능했다고 생각한다. 가까이서 멀리서 나를 염려해 준 여러 고마운 분들을 비롯해서 착한 딸과 사위들, 사랑스러운 손자들 덕분이다. 나만이 알고 느끼는 크나큰 도움이 또 있다. 먼저 간 남편과 아들과 서로 깊이 사랑하고 믿었던 그 좋은 추억의 도움이 없었다면 내가 설사 홀로 섰다고 해도 그건 허세에 불과했을 것이다. 나는 요즈음 들어 어렴풋하고도 분명하게, 눈에 보이지 않는 사람의 이런 도움이야말로 신의 자비하신 숨결이라는 것도 느끼게 되었다.
> "주여, 저에게 다시 이 세상을 사랑할 수 있는 능력을 주셔서 감사

---

33   앞의 책, 68-69쪽.

합니다. 그러나 주여 너무 집착하게는 마옵소서."[34]

시편 90편의 슬픔과 탄식

시편 90편 1–17절에는 슬픔과 탄식 가운데 있는 성도의 심리와 믿음의 태도가 잘 나타나 있습니다. 먼저, 탄원의 단계입니다. 이 탄원의 단계는 월팰트의 회피의 단계에 해당한다고 볼 수 있습니다.

시편 90편 1–10절을 보십시오.

주여 주는 대대에 우리의 거처가 되셨나이다 산이 생기기 전, 땅과 세계도 주께서 조성하시기 전 곧 영원부터 영원까지 주는 하나님이시니이다 주께서 사람을 티끌로 돌아가게 하시고 말씀하시기를 너희 인생들은 돌아가라 하셨사오니 주의 목전에는 천 년이 지나간 어제 같으며 밤의 한 순간 같을 뿐임이니이다 주께서 그들을 홍수처럼 쓸어가시나이다 그들은 잠깐 자는 것 같으며 아침에 돋는 풀 같으니이다 풀은 아침에 꽃이 피어 자라다가 저녁에는 시

34   앞의 책, 174쪽.

들어 마르나이다 우리는 주의 노에 소멸되며 주의 분내심에 놀라나이다 주께서 우리의 죄악을 주의 앞에 놓으시며 우리의 은밀한 죄를 주의 얼굴 빛 가운데에 두셨사오니 우리의 모든 날이 주의 분노 중에 지나가며 우리의 평생이 순식간에 다하였나이다 우리의 연수가 칠십이요 강건하면 팔십이라도 그 연수의 자랑은 수고와 슬픔뿐이요 신속히 가니 우리가 날아가나이다

1절과 2절은 모세의 신앙고백처럼 들립니다. 모세의 마음 밑바닥에 깔려 있는 신앙입니다. 주님이 안식처이고 피난처입니다. 이런 신앙을 가진 모세가 이제 3절부터는 하나님께 부르짖는 탄원의 음성이 들리지 않습니까? "주께서 인생을 티끌로 흙으로 돌아가라 하셨습니다. 아아! 사람은 홍수처럼 쓸려 가는 목숨입니다. 아아! 사람은 아침에 잠깐 돋았다가 저녁에는 시들어 마르는 것처럼 죽습니다. 주님의 분노하심으로 인한 죽음이 충격적입니다. 쇼크입니다. 사람이 살아 봤자 70년 혹은 80년을 사는데 순식간에 이 세월이 지나갑니다. 우리가 자랑할 것이 무엇이 있습니까? 수고와 슬픔밖에는 없습니다. 인생은 화살이 날아가듯 빠르게 지나갑니다."

제가 30대 초반일 때 어머니가 돌아가셨습니다. 어머니가 운명하셨다는 소식을 듣고 운전을 하는데 거의 정신이 나가 있었습니다. 운전하면서 무엇을 친 적이 없는데 그날 개를 치고 말

았습니다. 그 감각이 지금도 제 몸에 살아 있습니다. 차를 바로 멈추고 내려서 보니 개는 일어나서 골목 쪽으로 사라져 가고 있었습니다. 지금 생각해 보면 어머니의 죽음으로 저는 어떻게 해야 할지 모르는 상태에 빠졌던 것 같습니다.

두 번째, 항변의 단계입니다. 이 항변의 단계는 월팰트의 직면의 단계에 해당한다고 볼 수 있습니다.

시편 90편 11절을 보십시오.

> 누가 주의 노여움의 능력을 알며 누가 주의 진노의 두려움을 알리이까

하나님께 질문합니다. "하나님의 뜻이 어디에 있는지, 왜 나에게 이런 일이 일어나는지 알기를 원합니다." 모세는 이렇게 말합니다. "하나님, 주의 분노가 무서움을 도대체 누가 알 수 있겠습니까? 도대체 왜 그러십니까? 주의 분노의 힘이 크다는 것을 도대체 누가 알겠습니까?"

저의 어머니는 약 5년을 투병하시다가 돌아가셨습니다. 어머니가 발병하고 수술하고 치료하는 과정은 가족 모두에게 너무나 힘든 시간이었습니다. 그때 저의 원망은 최고조에 달했습니다. 방황하였고, 신앙을 버리고 싶은 마음까지 들었습니다. 도대체 하나님이 살아 계시다면 믿음으로 사는 어머니에게 어떻게 이

러실 수 있느냐고 항변하고 싶었습니다. 장례를 치르면서도 어머니가 너무 힘든 인생을 살다 가셨다는 생각에 서럽고 또 서러웠습니다.

세 번째는 고백의 단계입니다. 월팰트의 조정의 단계에 해당한다고 볼 수 있습니다.

시편 90편 12-17절을 보십시오.

우리에게 우리 날 계수함을 가르치사 지혜로운 마음을 얻게 하소서 여호와여 돌아오소서 언제까지니이까 주의 종들을 불쌍히 여기소서 아침에 주의 인자하심이 우리를 만족하게 하사 우리를 일생 동안 즐겁고 기쁘게 하소서 우리를 괴롭게 하신 날수대로와 우리가 화를 당한 연수대로 우리를 기쁘게 하소서 주께서 행하신 일을 주의 종들에게 나타내시며 주의 영광을 그들의 자손에게 나타내소서 주 우리 하나님의 은총을 우리에게 내리게 하사 우리의 손이 행한 일을 우리에게 견고하게 하소서 우리의 손이 행한 일을 견고하게 하소서

이제 모세는 슬픔과 애도를 딛고 일어서기 시작합니다. 하나님께 간구하고 새로운 태도를 결심합니다. "하나님께서 지혜를 주셔서 인생이 얼마나 짧은지 깨닫게 해주십시오. 여호와 하나님, 언제까지 멀리 계시겠습니까? 돌아오셔서 나를 불쌍히 여

겨 주십시오."

모세는 자신의 나약함을 고백합니다. 화와 괴로움이 변하여 즐거움과 기쁨이 가득한 인생이 되도록 기도합니다. 그는 "저와 우리 자손이 주님의 일을 잘하겠습니다. 도와주십시오. 주의 영광을 나타내시고, 하나님의 은총을 내려 주십시오"라고 간구합니다.

저는 교회 성도들과 가족 친지들의 도움으로 어머니의 장례를 치르고 많은 위로를 받았습니다. 그리고 어머니가 생전에 좋아하셨던 찬송, "내 일생 소원 이것뿐 주의 일 하다가 이 세상 이별하는 날 주 앞에 가리라"라는 구절이 인생의 목표가 되었습니다. 우리 어머니는 당신의 자녀들이 국내외에서 복음 증거하며 사는 일이 평생소원이셨습니다.

실제적인 조언

슬픔을 겪는 유가족을 애도하는 과정에서 도움이 될 만한 것들을 몇 가지 제안합니다.

첫째, 한 주검에 대한 존엄한 경의를 표현할 수 있게 돕고, 주검의 현실을 받아들이도록 해야 합니다. 고인과 유가족이 속한 공동체에 따른 종교적, 사회적, 문화적인 입장을 고려한 마음에서 우러나오는 슬픔의 표현과 위로의 언행이 필요합니다. 고인의 죽음과 죽음 관련 사건들을 유가족이 상세히 이야기할 수 있는 분위기를 만들어야 합니다. 그래서 유가족이 주검을 실제적으로 받아들이도록 도와야 합니다.

영화 〈굿' 바이: Good & Bye〉를 보면, 일본 문화의 주검에 대해 표하는 경의와 존엄성을 엿볼 수 있습니다. 도쿄의 유명 오케스트라 첼리스트였던 주인공이 어쩔 수 없는 극단 해체 때문에 시골로 내려오게 되었습니다. 채용 공고에서 여행사인 줄 알고 찾아간 일터는 장례 일을 하는 곳이었습니다. 너무 놀랐지만 노련한 납관사 선배가 고인의 마지막을 정성스럽게 배웅하는 모습에 감동하여 그곳에서 일하게 됩니다. 그리고 죽음을 당한 사람에 대한 존경과 예우를 통해 죽음과 삶에 대한 새로운 깨달음을 익혀 갑니다.

둘째, 진심 어린 애도가 부분적이지만 도움이 됩니다. 한 사람의 죽음에 대한 온전한 이해와 완전한 의미 부여는 실제적으로 불가능함을 알아야 합니다. 하지만 주변 사람들의 부분적인 위로와 격려가 유가족들의 슬픔 치유에 도움이 됩니다. 유가족과 친분관계가 있을 경우 세밀한 애도 계획을 세워서 돕는다면 더욱 큰 위로가 됩니다.

《한 말씀만 하소서》에는 진심 어린 애도를 통해 박완서 씨가 흡족해하는 장면이 나옵니다. 박완서 씨는 아들이 죽고 난 후 사람 만나기가 싫어서 서울을 떠나 부산에 있는 딸 집으로 잠시 거처를 옮깁니다. 딸 가족과 함께 조용히 슬픔의 시간을 보내던 어느 날, 딸 친구가 사전에 연락도 없이 불쑥 찾아옵니다. 박완서 씨는 일기에 이렇게 적고 있습니다.

나는 딸 또래의 젊은이로부터 듣게 될 어색한 위로의 말이 지레 겁이 나 숨고 싶었지만 그것도 여의치 않았다. 그러나 그 젊은이는 내 아픈 곳은 한 번도 안 건드리고 자기가 해온 음식의 맛과 영양가에 대해서만 얘기했다. 그 태도가 티 없이 맑으면서도 공손해서 은연중 제대로 된 가정교육을 받은 좋은 품성을 풍겼다. 나는 세상물정 모르는 철부지가 내 고통을 함부로 건드릴까 봐 잔뜩 도사려 먹은 마음을 풀고 편안해질 수 있었다.[35]

셋째, 새로운 현실로의 조정은 시간이 걸리며 지지와 격려가 필요합니다. 가까운 사람이 죽은 후에 새로운 정체성으로 태어나 새로운 삶을 시작하는 일은 결코 쉽지 않습니다. 죽은 사람은 이제 결코 살아 돌아올 수 없습니다. 대신에 우리는 우리가 아주 짧은 인생을 산다는 것을 깨닫고 의미 있는 삶을 살기 위해 인생을 조정하게 됩니다.

---

35   앞의 책, 47쪽.

도산 안창호는 1932년 4월 상하이 홍커우 공원에서 발생한 윤봉길 의거에 연루되었다는 혐의로 혹독한 고문과 함께 자백을 강요하는 일제 검찰의 심문을 받게 됩니다. 그때 "너는 독립 운동을 계속할 생각이냐?"라는 검사의 질문에 도산은 한 치의 망설임도 없이 꼿꼿한 자세로 다음과 같이 의연하게 답변합니다.

"그렇다 나는 밥을 먹는 것도 대한의 독립을 위하여, 잠을 자는 것도 대한의 독립을 위하여 해왔다. 이것은 나의 몸이 없어질 때까지 변함이 없을 것이다."[36]

도산 안창호는 미국, 중국, 한국을 비롯한 세계 여러 나라에서 독립 운동을 했습니다. 도산에게는 3남 2녀가 있었는데 도산의 맏딸은 안수산 여사입니다. 지난 2015년에 100세로 별세했습니다. 도산의 맏딸 안수산 씨가 열한 살 되던 해인 1926년, 도산은 독립운동을 위해 LA에 있는 집을 떠났습니다. 그리고 12년이 지난 1938년에 안수산 씨는 아버지가 서대문형무소에 투옥되었다가 병원에서 돌아가셨다는 소식을 듣게 됩니다.

스물세 살 된 딸이 12년 전에 생이별한 아버지가 멀리 한국

---

36 김도일 외 12인, 《참 스승: 인물로 보는 한국 기독교 교육사상》(새물결플러스, 2014), 62쪽.

땅에서 죽었다는 소식을 들었을 때의 슬픔과 고통을 상상할 수
있겠습니까? 안수산 씨는 그 후 미국 해군장교로 입대해 2차 세
계대전에 참전하여 포격술 장교로 근무했습니다. 종전 이후에는
미국국가안보국(NSA)에서 근무했고, 나중에는 300명의 요원을
거느리는 주요 요직에서 일했습니다.

안수산 씨가 이런 길을 걷게 됨은 열한 살 때 아버지가 그녀
에게 해준 말 때문이라고 고백했습니다. 도산은 맏딸 안수산에
게 "수산아, 너는 훌륭한 미국인이어야 한다. 하지만 한국인의
정신을 잊어서는 안 된다. 언제 어디서든 자랑스러운 한국인이
야"[37]라고 말씀해 주셨다고 합니다. 스물세 살 안수산은 아버지
의 죽음 소식을 듣고 말할 수 없는 슬픔의 시간을 보냈을 것입니
다. 하지만 열한 살 때 아버지가 하신 마지막 말씀이 유언이 되
어 안수산의 삶을 새롭게 인도했던 것입니다.

---

37 "안창호 딸 안수산, 일본과 싸우기 위해 미 해군 지원-자랑스러운 한국인", 〈스포츠
    경향〉, http://sports.khan.co.kr/news/sk_index.html?art_id=201609111155003&sec_
    id=540201

적용하기

◈ 슬픔을 당한 가족이나 이웃을 지금까지와는 다른 방법으로 애도할
계획을 생각해 보세요. 그리고 계획을 실천해 보세요.

◈ 영화 〈래빗 홀〉(Rabbit Hole, 2010)을 보고 자녀를 잃은 부모의 슬픔
극복에 대한 느낌, 인상 깊은 점, 생각할 점 등을 적어 보세요.

+ 7주 +

어린이와 죽음

생각하기

◈ 영화 〈뽀네뜨〉(Ponette, 1996)를 보십시오. 만 4세 어린이(뽀네뜨)가 죽음의 개념을 어떻게 이해하는지 살펴보세요.

어린이가 장례식에 참석하는 것에 대하여

제 아버지의 장례를 치를 때에 두 아들은 만 11세와 9세였습니다. 당시 저는 경황이 없어 초등학생 두 아들이 할아버지의 죽음을 어떻게 받아들일지 깊이 생각하지 못했습니다. 그래서 장례식과 화장장에서의 기독교 예식에 아이들은 참석하지 않게 하였습니다. 결국 저는 아이들과 함께 제대로 애도하지 못하였습니다. 당시 발인예배를 집례하던 목사님이 제 두 아들이 어디에 있는지 물어보시던 기억이 납니다.

돌이켜 보니 저뿐만 아니라 많은 부모가 어린이와 청소년들의 장례식 참석에 대해 의문을 갖는 것 같습니다. 아버지가 돌아가셨을 당시 이미 교회에서 10년 이상 전임사역을 했지만, 저는 죽음교육을 제대로 받아 보지 못했습니다. 자녀들의 입장에서 죽음을 생각해 볼 수도 없었고, 어린이를 대상으로 한 죽음교육에 대해 많이 알고 있지 못했습니다. 이러한 제 형편으로 인해 우리 두 아들이 어떤 영향을 받았을지 의구심이 듭니다.

스페인에서 진행된 연구팀에 따르면 죽음을 바라보는 부모의 생각과 태도는 자녀에게 영향을 미치는 것으로 나타났다. 조사 대상 어린이의 76퍼센트가 "죽음이 두렵다"라고 응답했으며 그 이유는 "부

모가 죽음에 대해 이야기하기를 꺼려하기 때문"이라고 답했다.[38]

세브란스병원 완화의료센터 가족상담사인 황애란 교수는 우리가 어린이의 죽음 개념에 관해 잘못된 가정을 갖고 있다고 말합니다. 예를 들면, '아이는 죽음을 이해하지 못한다', '죽음에 관해 아이와 이야기하는 것은 아이에게 해롭다', '아이에게는 애도 반응이 없다' 등과 같은 잘못된 생각이 이에 해당합니다.

어린이의 죽음 개념 이해[39]

과거에는 전문 심리학자인 프로이드(Sigmund Freud)와 보울비(John Bowlby)마저도 어린이들은 죽음이 추상적인 개념이라 이해하지 못하므로 죽음에 대해서 두려워하지 않는다고 보았습니다.

하지만 현대 심리학자인 클라인(Melanie Klein)은 어린이들이 태어나면서부터 죽음을 무의식적으로 알기 때문에 두려워하며, 이는 생존욕구와 맞물려 다양한 역동을 유발한다고 주장합니다.

---

38   윤영호, 《나는 한국에서 죽기 싫다》(엘도라도, 2014), 29쪽.
39   삶과죽음을생각하는회 편, 《웰다잉 교육 매뉴얼》, 145-150쪽. 황애란 교수의 "투병하는 소아청소년의 죽음 이해와 돌봄"이라는 강의 내용 정리.

즉 인간의 생존에 대한 욕구는 생명 상실에 대한 두려움과 함께 공존한다는 것입니다.

일반적으로 죽음 개념의 속성은 만 10세경에 정립된다고 봅니다. 죽음 개념의 속성에는 4가지가 있습니다. 비기능성, 비가역성(최종성), 인과성, 보편성(포함성, 불가피성, 예견 불가능성)입니다.

첫째, '비기능성'이란 죽으면 모든 신체 기능이 멈춤을 말합니다. 비기능성이 정립되지 않은 만 6세 어린이의 경우 이렇게 말합니다. "죽으면 땅속의 관 안에 들어 있고 모래에 눌려 있어 못 나오지만 늙어 갈 거야. 그리고 주위에서 하는 말들은 들을 수 있어요."

둘째, '비가역성'이란 죽음이 한 방향으로 진행되어 되돌릴 수 없음을 말합니다. 비가역성이 정립되지 않은 만 4세의 어린이는 이렇게 말합니다. "엄마, 나 천국 가서 예수님이 치료해 주면 다시 올게. 혹시 엄마도 나 보고 싶으면 천국으로 놀러 와!"

셋째, '인과성'이란 죽음에는 죽음을 일으킨 내재적 원인이 있음을 말합니다. 죽음은 뇌, 심장, 폐 기능의 정지를 포함하는 것으로서 이런 정지는 내적 원인이 들어 있습니다. 하지만 죽음이 외부적 원인 때문이라고 생각할 때 죽음은 예방될 수 있다고 착각할 수 있어 죽음에 대한 두려움을 덜 느끼게 됩니다. 인과성이 정립되지 않은 만 6세 어린이의 경우 이렇게 말합니다. "죽는 것은 귀신, 도깨비, 유령이나 강도가 와서 잡아가는 거야."

넷째, '보편성'은 죽음의 개념 중에서 가장 늦게 정립됩니다. 보편성은 그 속에 포함성, 불가피성, 예견 불가능성을 포괄합니다. 포함성이란 모든 사람은 죽는다는 개념입니다. 포함성이 정립되지 않은 만 5세 어린이의 경우는 이렇게 말합니다. "난 안 죽어. 나는 특별해." 불가피성이란 죽은 후 다시 살릴 수 없다는 개념입니다. 불가피성이 정립되지 않은 만 6세 어린이의 경우 이렇게 말합니다. "나는 죽어도 다시 살 수 있고, 죽은 사람도 다시 살릴 수 있어! 난 영원히 살아!" 예견 불가능성이란 누가 먼저 죽을지는 아무도 예측할 수가 없다는, 즉 태어난 순서대로 죽지 않는다는 개념입니다. 예견 불가능성이 정립되지 않은 만 6세 어린이의 경우 이렇게 말합니다. "나는 어리니까 죽지 않아! 난 늙지 않았으니까 죽지 않아!"

어린이의 발달단계에 따른 연령별 죽음 인식[40]

영유아기(출생-만 3세)
6개월 이상의 영유아기에는 자아가 깨어나기 시작합니다.

---

40   앞의 책, 58-77쪽. 황애란 교수의 강의 내용 정리.

영유아기에는 죽음에 대한 본래적 불안이 분리불안(대상상실불안)의 형태로 나타납니다. 만 2세경에 '핵심자아'가 형성되기 때문에 자신에게 해가 가해지는 일에 대해 두려움이 커집니다. 만 2세 이후 만 3세에 가까워질수록 죽음 현상을 인지적으로 어렴풋이 이해하기 시작합니다. 예를 들면 동화 속의 사건들을 이해하기 시작합니다. 죽음에 대한 두려움이 분리불안으로 표현됩니다. 따라서 애착 대상(주로 부모)이 슬픔, 불안, 두려움을 갖고 있으면 아이도 이를 그대로 반영하여 두려움이 가중됩니다.

- 돕는 방법: 이 시기는 부모 감정을 내재화하는 때이므로 부모가 영적으로 정서적으로 먼저 안정감을 갖도록 도와야 합니다. 부모가 충분히 자녀에게 애정 표현을 하면 아이는 부모로부터 사랑의 힘을 받아 안정됩니다.

유치기(만 3세-6세)

죽음 인식이 가장 취약한 연령층입니다. 마술사고(Magical Thinking)라 불리는 사고력으로 자신이 초능력이 있어서 하고 싶은 대로 할 수 있다고 상상하며 환상을 갖습니다. 그런데 이 상상력 때문에 더 섬뜩한 경험을 할 수 있습니다. 예를 들면, 아이 자신이 나쁜 환상을 가졌기 때문에 결국 그것이 실현되어서 자신이나 다른 사람이 아프게 되고 결국 죽게 되었다고 생각합니다. 죽음을 일종의 벌로 인식합니다. 이러한 생각은 심한 불안, 두려움, 죄책감을 유발할 가능성이 있습니다.

인과관계에 대한 개념이 없기 때문에, 질병과 죽음이 아이 자신이 한 나쁜 행위(다른 사람의 물건을 훔치는 등)와 관련되어 생겼다고 믿기도 합니다. 죽음이 삶과 분리된 것임을 이해하지 못합니다. 죽음을 피할 수 있다고 생각합니다. 죽음이 일시적이거나 되살아날 수 있다고 느낍니다(현실과 상상의 구분이 어려움). 또한 죽음을 '수면'과 동일시하거나 여행으로 생각합니다.

- 돕는 방법 ①: 두려움이나 좌절에 대해 표현할 기회를 주고 이를 수용해 주는 것이 중요합니다. 이 시기에는 아직 자신의 마음을 언어로 구체화시켜 잘 표현할 수 없으므로 놀이, 미술, 음악, 동작 치료를 통해 표현하도록 도와야 합니다.
- 돕는 방법 ②: 아이들이 한 나쁜 행동이 결코 질병이나 죽음을 초래하지 않으며, 질병이나 죽음은 처벌의 한 형태가 아님을 지속적으로 확신시켜 주어야 합니다.
- 돕는 방법 ③: 부모와 주위 사람들이 아이를 어떠한 경우에도 변함없이 사랑한다는 확신을 주어야 합니다.

학령기 전기(만 7세-9세)

인지적으로 구체적인 이해력이 높아지나 논리성이 부족하

며 감성은 많이 발달합니다. 학령기 전기에는 마술사고가 잔존하는 경향도 있어서 두려움이 많을 수 있습니다. 죽음 이후에 일어날 일에 대해서도 관심이 생기는 시기입니다.

• 돕는 방법: 놀이, 미술, 음악, 동작 치료를 통해 자신의 감정을 표현하도록 돕는 것이 좋습니다. 특히 어린이 자신의 잘못 때문에 질병이나 죽음이 생겨나는 것이 아니라는 확신을 지속적으로 제공해 줄 필요가 있습니다.

학령기 후기(만 10세-12세)

추상적인 사고 능력은 약해도 죽음의 개념이 정립되어 있고, 논리성이 발달하고 있기 때문에 나름대로 상황을 추론해 보려고 하고 언어 표현을 잘합니다. 또한 자율성이 발달하고 타인의 입장에서 바라볼 수 있는 공감 능력이 발달하기 때문에 죽음에 대한 불안과 두려움, 분노 및 슬픔이 큰 특징으로 나타납니다.

미디어를 통해 폭력이나 죽음 장면에 노출되었거나 과거에 생물의 죽음 현상을 통해 부정적인 경험이 있을 때에는 죽음에 대한 두려움이 가중됩니다. 죽음과 죽음 이후에 대해 알고 싶어 하고, 신의 존재와 아이들의 죽음의 부당함에 대해서 이의를 제기합니다. 가족의 마음을 공감할 수 있기 때문에 가족을 보호하려고 합니다.

- 돕는 방법 ①: 만 10세경부터는 죽음 개념이 정립되어 있고 타인의 입장도 공감할 수 있으므로 알고 싶은 부분이 많을 수 있습니다. 따라서 죽음에 대한 두려움과 걱정을 자유롭게 말할 수 있는 수용적인 분위기를 제공해 주어야 합니다.
- 돕는 방법 ②: 이 시기는 자율성과 통제감이 중요한 시기이므로 작은 일이라도 스스로 선택할 수 있도록 도와야 합니다.

청소년기(만 13~18세)

추상적 사고가 발달하나 아직 미숙하며 자신만의 논리를 주장합니다. '자율성 대 의존성' 사이의 갈등을 겪는 시기입니다.

유치기와는 다른 형태의 마술사고를 합니다. 죽음을 하나의 도전으로 인식하여 받아들이고 영웅적으로 질병과 투쟁하려 하기 때문에 자신의 죽음을 인정하게 되었을 때는 패배감을 느낍니다. 죽음에 대해 의미를 부여하고, 미래의 꿈 때문에 죽음을 받아들이기가 어렵습니다. 자신이 잊힌 존재가 되는 것을 슬퍼합니다.

- 돕는 방법 ①: 개방적인 의사소통을 통해 자신의 생각이나

감정을 충분히 언어로 표현할 수 있도록 도와주어야 합니다. 잘못된 추측으로 인한 불안이나 걱정을 경감시키고 부정적인 감정들을 정화시켜 주어야 합니다.

• 돕는 방법 ②: 다양한 상황에서 스스로 어떤 결정을 내리려고 할 때, 이를 경청하면서 존중하는 태도가 필수적입니다.

'어린이와 죽음'에 대한 얼 그롤만의 제안

얼 그롤만은 사랑하는 사람을 죽음으로 잃은 아이를 돕는 길에 대하여 다음과 같이 10가지를 제안합니다.[41]

첫째, '죽음'이라는 단어를 금기시하지 마십시오. 어린이의 연령과 인지능력 그리고 감정 상태에 따라 달라져야겠지만 '죽음'이란 말을 공개적으로 사용하도록 해야 합니다. 집, 교회, 학교를 비롯한 어떠한 모임에서도 자연스럽게 죽음에 대하여 이야기하도록 격려하십시오. 죽음을 이해하는 것은 어린이, 어른 그리고 노인에 이르기까지 우리 모두에게 중요한 긴 여정이라 할

---

41 Earl A. Grollman, 《Talking About Death》(Beacon Press, 1991), 정경숙·신종섭 역, 《아이와 함께 나누는 죽음에 관한 이야기》(이너북스, 2008), 21–24쪽.

수 있습니다.

둘째, 어린이도 죽음에 대해 애도할 수 있습니다. 어린이도 역시 한 인격체입니다. 어린이도 죽음으로 인해 느끼는 고통이 있습니다. 무감각해질 수 있으며, 부인하기도 하고, 분노를 표출하고, 당황하며, 어떤 경우에는 신체적인 질병의 형태로 나타나기도 합니다.

셋째, 어린이가 자신의 감정을 드러내도록 허락하십시오. 어린이도 소리 내어 울거나, 큰 소리를 지르며 한탄할 수 있습니다. 어린이가 이런 감정들을 표출할 수 있도록 도와주십시오. 어린이가 자기의 생각을 그림, 노래, 이야기 혹은 시를 통하여 나타내도록 하십시오.

대만 영화 〈하나 그리고 둘〉(A One And A Two, 2000)을 보면 초등학생 양양이 할머니의 장례식장에서 편지를 읽습니다. "할머니는 가셨는데, 어디로 가신 거죠? 사람들이 별 말 안 하는 것으로 봐서는 아마 우리가 아는 곳일 거예요. 저도 언젠가 그곳으로 가겠죠. 그때 다시 만나요. 할머니! 난 모르는 게 많아요. 제가 커서 뭘 하고 싶은 줄 아세요? 남이 모르는 일을 알려 주고, 못 보는 것을 보여 주고 싶어요. 그럼 날마다 재밌을 거예요. 할머니가 늘 늙었다고 한 말이 생각나요. 저도 늙어 간다고 말하고 싶어요."

넷째, 자녀의 학교에 연락하여 가족 구성원의 죽음 사실을 알려 주십시오. 그래야 자녀의 담임선생님도 어린이가 보이는 여러 가지 감정 변화들, 즉 갑작스럽게 침울하다거나 퇴행이 나타난다거나 평소와 다른 행동을 하는 것을 이해하게 됩니다. 또한 어린이의 성적이 많이 내려가더라도 역시 이해와 격려를 받을 수 있습니다.

다섯째, 어린이가 겪고 있는 위기를 다루기 어렵다면 주위에 도움을 요청하십시오. 교회의 목회자가 도움이 될 수 있습니다. 교회에서 어린이를 담당하는 지도교역자나 교사들과 상의할 수 있습니다. 아동상담심리치료를 잘하는 전문가 또는 정신과 의사도 도움을 줄 수 있습니다.

여섯째, 어린이에게 "이제는 네가 이 집의 어른이 되어야 한다" 혹은 "네가 죽은 형제를 대신해야 한다"라고 말하지 마십시오. 어린이는 누구의 대용물이 될 수 없습니다. 어른이든 어린이든 각자의 고유성과 존엄성이 있습니다. 그 어린이는 사랑하는 한 사람의 죽음만으로도 매우 힘든 시간을 보내고 있음을 기억해야 합니다.

일곱째, 죽음에 대한 비밀을 설명하기 위해 동화를 들려주거나 이야기를 할 때 각별히 주의하십시오. 어린이에게 동화책과 이야기로 도움을 줄 수는 있습니다. 하지만 그것이 '죽음'을 오해하게 만들지는 않는지 살펴봐야 합니다. 예를 들면, "네 엄마는 아주 먼 여행을 떠난 거야"라고 이야기하면 언젠가는 엄마가 다시 돌아올 거라는 막연한 생각을 품게 됩니다. 만약 어린이에게 "하나님은 착한 사람이 필요하신 거야. 그래서 아빠를 데리고 간 거야"라고 말하면 '착하고 좋은 사람은 일찍 죽지만 나쁜 사람은 그렇지 않을 수 있다'는 잘못된 인식을 심어 줍니다. 그래서 어린이는 자신에게 필요한 아빠를 빼앗아 간 하나님께 깊은 적대감을 갖게 될 수 있습니다.

여덟째, 당신이 '죽음'에 대하여 최종 답안을 가지고 있다고 어린이가 믿게 하지 마십시오. 아이가 '죽음'에 대해 생각해 보고 의심도 하고 다양한 질문을 할 수 있도록 여지를 남겨 두십시오. "내가 죽음에 관해 완전히 알고 있지 않아서 놀랐니? 나도 모든 것을 알고 있지 않단다. 나도 죽음에 대해 알아 가고 있단다. 우린 죽음에 관해 많이 함께 생각해 보고 이야기해야 한단다. 우리는 이 부분에서 서로 도와야 한다고 생각해"라고 이야기하며 같이 성숙해 가야 합니다.

아홉째, 당신의 슬픔을 표현하는 것을 너무 억제하지는 마십시오. 당신이 어린이 앞에서 감정 표현을 억누르면, 어린이는 슬프고 힘든 감정을 더욱더 나타내지 못하게 됩니다.

열째, 어린이가 부모에게 지속적인 지지와 사랑을 받고 있다는 확신을 주십시오. 아빠 혹은 엄마가 어려운 상황에 놓인 자신에게 끊임없이 관심이 있음을 말과 행동으로 보여 주어야 합니다. 적절한 질문을 하고 귀를 기울여 어린이의 이야기를 들어 주세요. 어린이가 자연스럽게 감정을 표현할 수 있도록 격려하고 받아 주세요.

어린이(자녀) 죽음 관련 교육의 실제

첫째, 죽음의 개념 설명하기

어린이가 정말로 죽음을 이해할 수 있을까요? 실제로 죽음은 아이 곁에 있습니다. 텔레비전과 게임에서의 죽음, 곤충·벌레·반려동물 등의 죽음을 가까이에서 보고 경험하고 있습니다. 우리가 보는 어린이는 겉으로 보이는 바가 전부가 아닙니다. 겉으로는 태연한 척하지만 속으로는 가장 흔들리고, 힘들어할 수 있습니다. 부모 혹은 어른으로서 가지고 있는 죽음에 대한 이해를 한정하거나 고정시키지 마십시오. 이는 일반적인 견해이며, 어떤 아이든 죽음에 대한 의미를 새롭게 배우고 형성해 갈 수 있습니다.

다음 이야기를 아이와 함께 읽어 보세요.

네가 만약 죽는다면, 너는 죽은 사람이 되는 거야.

한 번 말해 보렴. '죽음.'

말하기가 좀 어렵지 않니?

사실 발음하기는 어렵지 않은데

네가 그걸 말한다는 게 어려울 거야.

아마 그것이 슬픈 말이라서…….

좀 무섭기도 하고 말이야.

한 번만 더 말해 보자.

'죽음.'[42]

둘째, 환상과 실제 구별하기

　전 국민을 아프게 한 세월호 참사에 대해 어린이가 전혀 동요하는 기색을 보이지 않자 이 사고를 보고 있던 좀 더 나이 많은 형이 "넌 슬프지도 않니?" 하고 물어봅니다. 그러자 그 어린이는 이렇게 대꾸합니다. "왜 그렇게 슬퍼하고 염려하는 거야. 염려하지 마. 다시 살아서 돌아올 거야."

　다음 이야기를 아이와 함께 읽어 보세요.

죽는다는 건,

놀이 같은 게 아니야.

42　앞의 책, 27쪽.

빵! 빵! 내가 널 쐈어, 넌 죽은 거야!

그러고는 살아나서 다시 처음부터 시작하면 되지.

하지만 사람이 죽게 되면

다시는 살아 돌아오지 못해.[43)]

셋째, 자연의 일부로서 죽음 이해하기

숲에 들어가서 주위를 한번 살펴보십시오. 죽어 가고 있는 나무를 발견할 수 있습니다. 잎의 색깔이 다르고 줄기도 벗겨지고 있습니다. 이제 얼마 지나지 않아 나무는 생명을 잃게 됩니다. 하지만 주위를 바라보면 이제 새싹이 나고 새롭게 자라나는 조그만 나무도 있습니다. 이렇게 나무는 죽기도 하고 새롭게 태어나기도 합니다. 숲속에서는 끊임없이 생명이 죽고 태어나고를 반복합니다. 이것은 잡초, 꽃, 동물, 사람도 마찬가지입니다. 살아 있는 모든 것은 정해진 기간이 있습니다. 자연은 주기적으로 밤과 낮이 바뀌고 계절이 바뀌며 생명의 순환이 이루어집니다.

다음 이야기를 어린이와 함께 읽어 보세요.

나무에서 떨어지는 낙엽처럼

---

43   앞의 책, 28쪽.

잎은 자라서

색이 변하고

겨울이 다가오면 생기를 잃어

땅에 떨어지고 말지.

잎이 죽으면, 생명은 떠나 버린 거야.

그 잎이 얼마나 아름다웠는지 우린 기억할 수 있지만

이젠 죽어 버린 거야.[44]

넷째, 부모(어른)의 한계에 대해 솔직해지기

죽음교육에서 부모가 모든 것을 알고 대답하기는 불가능
합니다. 죽음과 삶의 의미에 대한 연구는 우리가 이 세상을 떠날
때까지 지속되는 과제입니다. 우리는 전지전능한 신이 아닙니
다. 어린이에게 교훈하거나 단정적으로 말하지 않고 함께 죽음
의 의미와 대안을 모색해 보고자 하는 자세가 중요합니다.

다음 이야기를 어린이와 함께 읽어 보세요.

널 괴롭히고 있는 것을

내게 이야기하고 싶니?

---

44 앞의 책, 34쪽.

이야기하면 서로 도움이 될 수 있을 거야.

내가 들어 줄게.

이해하도록 노력해 볼게.

나도 너처럼 슬프고 힘들단다.

나 역시 어떤 대답을 찾으려고 해.

어른이 죽음에 대해 모든 답을 알고 있지 못해 놀랐니?

놀랄 것 없어.

그 누구도 죽음을 완전히 이해하고 있지는 않아.

하지만 우린 죽음에 관해 서로 이야기할 수는 있는 거야.

넌 나에게 배울 수 있어.

나 또한 너에게 배울 수 있겠지.

우린 서로를 도우려고 노력할 수 있어.[45)]

다섯째, 어린이 감정 이해하기

갑자기 엄마가 죽은 어린이가 아빠에게 이렇게 말합니다.
"아빠, 그런데 엄마는 언제 집에 돌아와? 엄마 오면 맛있는 떡볶
이 해달라고 해야지!" 아이는 충격이 너무 커서 마치 엄마가 살

아 있는 것처럼 생각하고 행동합니다.

다음 이야기를 어린이와 함께 읽어 보세요.

사랑하는 사람이 죽었을 때

우리는 그런 일이 일어나지 않은 척하고 싶을지도 몰라.

그것이 사실이라는 걸 믿고 싶지 않을 거야.

그러고는 생각하게 되지.

'아마 그들은 다시 돌아올 거야.'

'의사 선생님이 틀린 거야.'

'이건 단지 나쁜 꿈일 뿐이야.'

하지만 그건 단지 우리 자신을 속이는 거야.

사람이 죽으면 우린 그 사람을 다시 살아나게 할 수 없어.[46]

어린이가 느끼는 슬픔은 어린이의 발달 수준, 죽음에 대한 개념 이해에 따라 각각 다릅니다. 하지만 슬픔은 사랑에 대한 자연스러운 감정입니다. 어떤 어린이는 말을 하지 않을 수 있습니다. 어떤 어린이는 눈물을 흘리며 울 수도 있지만 웃을 수도 있으며, 무정하게 떠난 것에 대해 화를 내고 증오를 드러낼 수도

---

46 앞의 책, 31쪽.

있습니다.

다음 이야기를 어린이와 함께 읽어 보세요.

삶에 즐거움이 있듯이

아픔도 있어.

행복이 있듯이

눈물도 있는 거야.

아끼던 사람이 죽으면

우리는 슬퍼지지.

그들을 너무나 그리워하고,

엉엉 울지도 몰라.

그게 잘못된 걸까?

그렇지 않아.

울어도 좋아.

우는 건 슬픔을 표현하는 우리의 방식이니까.[47]

여섯째, 기억하기

죽은 사람의 체취와 흔적이 남아 있는 집에서 살기가 힘들

---

47   앞의 책, 36쪽.

어서 도피하고 싶을 수도 있습니다. 하지만 물리적으로 피한다고 기억을 피할 수는 없습니다. 어린이가 자신의 생각을 비약하거나 섣부르게 결론 내리지 않도록 도와야 합니다. 마음을 열고 대화하며 감정을 풀어내도록 격려하고, 사랑한다는 표현을 말로 행동으로 해야 합니다.

다음 이야기를 어린이와 함께 읽어 보세요.

그래, 지금 우리는 (우리가 사랑하는 사람)을

아주 많이 그리워하고 있는지도 몰라.

우린 더 이상 (그)를 볼 수도,

말을 건넬 수도 없어.

하지만 (그)는 여전히 우리와 함께 있어.

바로 우리의 기억 속에서.

네가 가지고 있는 재미있는 기억을 이야기해 줄 수 있겠니?

무엇이 우리가 함께했던 시간을 특별하게 해줄까?

넌 (네가 사랑하는 사람)이

널 행복하게 해주었던 순간을 기억하고 있니?[48]

---

48   앞의 책, 46쪽.

일곱째, 함께 책을 읽고 죽음에 대해 생각해 보기

어린 자녀가 가까운 사람의 죽음을 처음 경험했을 때 부모는 자녀를 도울 수 있습니다. 부모는 이미 이런 경험과 애도의 과정을 겪어 보았기 때문입니다. 도서관과 서점에 슬픔에 젖은 어린이를 도울 수 있는 책들이 제법 있습니다. 이런 책들을 잘 활용하십시오.

예를 들면 마셸린느 먼디가 쓴《슬플 때도 있는 거야》는 사랑하는 사람의 죽음을 겪은 아이들을 위한 책입니다. 고정욱 작가가 지은《여름 캠프에서 무슨 일이?》는 초등학교 3-6학년 어린이를 위한 죽음교육 동화입니다.

중병으로 죽어 가는 어린이와 부모를 위하여

생명을 위협하는 병에 걸린 어린이에게 '죽음' 혹은 '죽어 가는 것'을 설명하고 이해시키는 일은 매우 어렵습니다. 사실 어른에게 죽음을 설명하기도 어려운데, 중병을 앓는 아이에게 죽음을 이야기하기는 더 어렵습니다.

병에 걸려 죽을지도 모르는 어린이와 그런 친구를 둔 아이들을 위한 책이 있습니다. 아동치료 전문가인 조이스 밀스 박사가 쓴《부드러운 버드나무》입니다.

아이의 병에 대해 이야기하기

죽어 가는 어린이에게 병과 죽음에 대해 이야기하는 것은 매우 조심스러운 일입니다. 《부드러운 버드나무》의 부록에 소개된 실제적인 조언을 소개합니다.[49]

마음의 준비가 되었으면 당사자인 아이에게 병에 대해 서서히 이야기를 꺼내야 합니다. 아이가 겁을 먹거나 불안해할 수도 있기 때문입니다. 아이의 나이와 성숙도, 대처 능력, 심리 상태 등을 고려해서 이야기하세요. 필요하다면 담당 의사나 정신과 의사와 함께 이야기하는 것도 좋습니다.

"네가 아주 심하게 아프단다"라고 최대한 차분하게 이야기를 시작합니다. 처음부터 아이에게 죽을지도 모르는 병에 걸렸다고 말하지 마세요. "네가 아주 심한 병과 싸우고 있다는 것은 알고 있을 거야"라고 말한 뒤, 아이가 이미 들어서 알고 있거나 이해할 수 있는 말로 설명합니다. 그리고 차츰 아이가 앓고 있는 병의 심각성에 대해 이야기합니다. 예를 들어 "네 심장이 나쁘다고 말했었지?" 또는 "네가 암에 걸렸다는 건 알고 있을 거야"라고 말한 다음

---

49 Joyce C. Mills 글, Carry Pillo 그림, 《Gentle Willow: A Story for Children About Dying》(Imagination Press, 2003), 정선심 역, 《부드러운 버드나무》(미래M&B, 2006), 30−31쪽.

이렇게 덧붙입니다. "의사 선생님이 네 병을 고치려고 무척 애를 쓰고 계신단다. 그런데 너무 심해서 고치기 어려운가 봐."

의사의 이야기나 의학적인 정보를 바탕으로 아이에게 여러 차례 자세히 설명해 줍니다. 그리고 무엇보다 아이가 꼭 알아야 하고 들을 준비가 된 정보가 무엇인지 잘 판단해야 합니다.

처음에 아이들은 충격에 빠지거나 그 사실을 인정하지 않으려고 합니다. 그럴 때는 아이들이 그러한 감정을 풀도록 놓아 두고, 천천히 아이의 생각을 바로잡아 주세요. 예를 들어, 아이가 "엄마, 걱정 마세요. 여름까지는 다 나을 거예요"라고 말할 때는 이렇게 대답합니다. "그럼, 그럴 거야. 엄마가 네 병이 낫도록 도와줄게. 그런데 의사 선생님 말씀이 네 병이 아주 심각하대."

아이의 병에 대해 정직하게 말할 때는 아이가 병이 나을 희망을 잃지 않도록 해야 합니다. 예를 들어, "병을 아주 잘 고치는 최고의 의사 선생님이 너를 치료하고 있단다. 그분은 병을 고칠 수 있는 방법을 날마다 연구하고 계셔. 그런데 사실은 좀 심각한 문제가 있대"라고 말해 줍니다.

종교적인 믿음을 이야기하는 것도 도움이 됩니다. 부모나 아이 모두 종교를 통해 편안해질 수 있기 때문입니다. 예를 들어 이렇게 말할 수 있습니다. "많이 아프지? 엄마 아빠가 하느님께 기도할게. 네가 건강해지고, 앞으로 어떤 일이 일어나더라도 우리가 그것을 이겨 낼 수 있는 힘을 달라고 말이야."

큰 병에 걸린 아이의 친구나 친척 등 주변 사람들도 위의 방법을 이용하면 도움이 될 것입니다.

조이스 밀스는 중병으로 죽어 가는 어린 자녀를 대할 때 다음의 3가지 사항을 유의하라고 당부합니다.[50]

첫째, 상실감입니다. 신체의 기능을 상실하고, 즐거운 감정을 상실하고, 생명을 상실하게 됩니다. 부모는 상실에 대해 거짓말하지 않아야 합니다. 솔직하게 대답하되 아이의 발달 수준과 감정 상태에 맞게 말하는 것이 중요합니다. 어린이가 상실과 죽음에 대한 두려움을 표현하도록 도와야 합니다. 또한 어린이가 현실성 없는 기대를 품게 해서도 안 되지만, 가능성 있는 희망을 꺾어서도 안 됩니다. 병의 심각성은 인정하되 아이가 매일매일 여전히 즐길 활동이나 놀이를 하도록 도와주어야 합니다.

둘째, 두려움입니다. 아이는 생명을 잃는 것과 고통에 대한 두려움이 있습니다. 《부드러운 버드나무》와 같은 죽음 관련 이야기책을 읽게 하십시오. 필요하다면, 정신과 의사와 상의하십시오. 감정을 표현할 수 있는 미술치료도 도움이 됩니다. 교회 교역자의 도움을 받아 믿음으로 마음의 안정을 찾게 하십시오.

---

50   앞의 책, 31–32쪽.

셋째, 슬픔과 노여움입니다. 어린이가 슬퍼하도록 충분한 시간을 주고 이야기를 하도록 격려하십시오. 육체적·정신적으로 시련에 맞설 수 있는 용기를 갖도록 아이를 도와주십시오. 고학년의 경우 다른 아픈 아이를 돕거나, 할아버지 할머니께 책 읽어 드리기 또는 함께 그림 그리기 등의 봉사도 도움이 됩니다.

적용하기

◈ 영화 〈열두 살 셈〉(Ways to Live Forever, 2010)을 시청한 후, 다음 질문에 답해 보세요.

① 신은 왜 아이들을 아프게 하고, 아이는 왜 죽어야 할까요?

② 죽었다는 걸 어떻게 알까요?

③ 살아 있는데 죽은 줄 알면 어떻게 해야 할까요?

④ 죽음은 아플까요?

⑤ 죽음은 어떤 느낌일까요?

⑥ 죽은 사람은 어떻게 보일까요?

⑦ 사람은 왜 죽어야 하나요?

⑧ 죽으면 어디로 가나요?

⑨ 나 없이도 세상은 그대로일까요?

◈ 자신의 묘비명을 생각하고 적어 보세요. 자기 자신과 자기 인생을 잘 표현하는 말을 생각해 보세요.

자살과 안락사

생각하기

◈ 자살에 대해 어떤 입장(반대 또는 찬성)인지 생각해 보고 그 이유를 적어 보세요. 그리고 안락사에 대해서도 어떤 입장(반대 또는 찬성)인지 생각해 보고 그 이유를 적어 보세요.

자살의 최근 경향

저는 지난 2014년 2월, 한국형 표준자살예방프로그램에 참석하여 교육을 받았습니다. 당시 강의를 통해 우리나라 자살 상황이 얼마나 심각한지 알게 되었습니다. 2011년 우리나라 인구 10만 명당 자살 인구는 31.7명입니다. 이것은 알려진 자살로, 주민센터에 '자살'이라고 신고한 숫자입니다. 이 숫자는 매일 약 44명, 시간당 1.8명이 자살하고 있음을 나타냅니다. 알려지지 않은 자살은 5-20퍼센트가 더 많을 것으로 추정됩니다.

우리나라 1년 범죄로 인한 희생은 1,500명인 데 반해 자살로 인한 사망은 1만 5,000명이라고 합니다. 자살 시도자는 자살자의 20-40배 정도입니다. 그러면 자살 시도자는 최대 60만 명 정도가 되는데 이 숫자는 전주시 전체 인구와 같습니다. 또 자살 시도자로 인해 자살자 1명당 가족 4명 친구 2명, 총 6명이 직접적인 영향을 받습니다. 그러면 자살 시도자로 인한 영향은 360만명 정도가 되는데 이 숫자는 부산 시민의 숫자와 비슷합니다.[51]

통계청의 2018년 사망 원인 통계에 따르면 우리나라 자살률

---

51 한국형 표준자살예방교육 프로그램 "보고 듣고 말하기" 2014년 2월 22일 강의 내용 참고(중앙자살예방센터, www.spckorea.or.kr.).

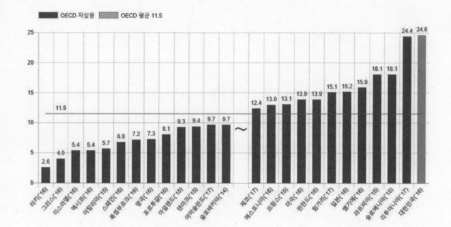

2014~2017년 OECD 가입국 자살 현황

은 OECD(경제협력개발기구) 국가 중 1위인 것으로 나타났습니다. 2018년 자살 사망자는 전년 대비 9.7퍼센트 증가한 1만 3,670명으로, 자살률은 인구 10만 명당 26.6명으로 9.5퍼센트 상승했습니다. 가장 큰 문제였던 노인 자살은 80대 이상에서는 감소하여 노인 자살 예방 사업 효과가 있었다고 보이나, 그 외 전 연령에서 자살이 증가하였고 특히 10대에서 22.1퍼센트가 상승한 것이 충격적입니다. 대부분의 국가에서 10~30대 사망 원인 1위가 사고사인 데 비해 우리나라는 자살인 것도 특징입니다. 높은 여성 자살률도 발견됩니다. 여성 자살률이 인구 10만 명당 10명을 넘는 나라가 없으나 우리나라만 15명에 육박할 만큼 심각한 실정입니다. 우리나라 자살률이 원래부터 높은 것은 아니었습니다. 90년

대 초반 OECD 국가 중 자살률이 낮은 나라 가운데 하나였으나 90년대 후반부터 경제 위기가 촉발한 사회 · 문화적 변화, 의료와 복지, 사회안전망 미비 등으로 급격하게 치솟아 2003년부터 OECD 국가 중에서 가장 높아졌고 2011년에는 최고점(31.7퍼센트)에 이르기도 했습니다.[52]

자살 예방을 위하여

일반적으로 자살은 자유의사에 의해 고의적으로 자신의 생명을 끊는 모든 행동을 의미합니다. 그래서 자살은 개인의 문제라고 생각하는 경향이 있습니다. 저의 가까운 주변에도 자살 시도자가 있고, 자살한 친척이 있으며, 사고사로 알려졌지만 실제로는 자살한 교회 지도자도 있습니다. 죽음을 터부시하는 문화에서 자살로 인한 죽음은 비밀에 부쳐지는 것이 현실입니다.

흔히 자살은 '가족 내의 비밀'(family secret)로 묻어 버리는 경우가 많다. 시간이 흘러 새로운 세대가 태어나 이어져도 그것만은 다음

---

52   "다시 OECD 자살률 1위다", 〈중앙일보〉, https://news.joins.com/article/23590473

세대에 전달하지 않고 숨기면서 그것을 경험했고 기억하는 가족 이외에는 서로 공유하지 않으려고 한다. 다른 사람들의 호기심과 관심을 견딜 수 없을 뿐만 아니라, 그보다 더 큰 원인은 가족들 자신이 그 일을 받아들이기 어렵기 때문이다. 가족들의 충격, 슬픔, 죄책감, 아쉬움, 절망, 안타까움, 분노, 원망은 이루 헤아릴 수 없어서 그들 자신이 죽을 것 같은 고통을 느끼고, 실제로 뒤따라서 목숨을 끊기도 한다.[53]

물론 자살의 원인은 개인적인 문제도 있지만, 그 요인이 전부가 아닙니다. 전직 대통령의 자살은 외적인 정치 환경의 문제가 관여되어 있음을 부인할 수 없습니다. 기업 대표의 자살은 외적인 재정과 정치 환경의 복합적인 문제가 관련되어 있음을 알 수 있습니다. 우리나라의 심각한 노인 자살 문제는 노인 개개인의 문제를 넘어선 가족 공동체의 해체와 연관된 급격한 사회 변화가 중요한 요인임을 인정하지 않을 수 없습니다. 인터넷을 통한 동반 자살 역시 산업화, 정보화 시대를 겪으며 우리가 겪는 사회 현상과 밀접한 관련이 있습니다.
우리 사회에 만연하는 자살의 영향력은 우리의 상상을 초

---

53   유경, 《유경의 죽음준비학교》(궁리출판, 2008), 68~69쪽.

월합니다. 먼저, 유가족이 겪는 정신적·정서적·육체적 충격과 상처입니다. 그리고 주변 사람들인 사회 구성원들에게 역시 커다란 고통과 비탄을 가져옵니다. 다음으로, 자살은 자기에게 주어진 자아실현의 사명을 저버리는 것이며 역경과 고난을 회피하는 행위입니다. 마지막으로, 자살은 생명 존중에 반하는 행동으로 하나님의 섭리를 따르지 않는 교만한 행동입니다.

자살을 행하는 사람들 대부분은 스스로에게 "내 삶은 내가 원하는 대로 할 수 있어. 내가 내 삶의 창조자니까. 나는 나 자신을 파괴할 권리도 있다"라고 말한다. 이것은 대단한 교만이다. 우리는 우리 자신의 창조자가 아니다. 내가 한 송이 장미나 아이리스를 만들 수 없는 것처럼 나는 나 자신 또한 창조할 수 없다. 꽃을 가꾸고 관리할 수는 있지만 꽃을 만들어 낼 수는 없다.[54]

자살은 실행되면 되돌릴 수 없기 때문에 자살 예방이 가장 중요합니다. 그런데 자살 예방은 자살의 원인을 바르게 규명했을 때만 가능합니다. 현재 우리 주변에서 일어나는 자살은 위에

---

54   M. Scott Peck, 《Denial of the Soul》(Harmony Books, 1997), 조종상 역, 《이젠, 죽을 수 있게 해줘》(율리시즈, 2013), 179쪽.

서 언급했듯이 먼저는 개인적 차원의 요소가 있습니다. 우울증, 좌절, 비관 등이 직접적인 원인입니다. 하지만 개인적인 원인이기 때문에 자살 예방을 개인적 차원의 상담과 치료에만 역점을 둔다면 부분적으로만 대처하는 것입니다.

현대 사회의 자살은 개인적 차원과 함께 사회적 차원이 복잡하게 관련되어 있습니다. 예를 들면, 1990년대 후반의 IMF 사태로 경제가 붕괴하고 한국 사회의 기반이 크게 흔들렸습니다. 이때 기업과 공장이 문을 닫으면서 많은 사람이 해고를 당했습니다. 결과적으로 수많은 가정이 생활고를 겪으면서 가장이 자살하고 가족이 동반 자살을 했습니다.

우리나라는 청소년 자살률도 매우 높습니다. 청소년들의 자살은 성적 비관, 교우관계, 따돌림 등 여러 이유가 있을 수 있지만, 개인적인 우울증, 비관, 좌절 등의 원인과 함께 교육 정책, 사회·문화적인 현상과도 밀접한 관계가 있습니다. 중학교·고등학교·대학교의 지나친 경쟁 위주의 교육 환경, 명문대 입학을 위한 성적 위주의 교과 운영, 대부분의 학생을 패배자로 만드는 현행 입시제도와 성적평가 제도, 엘리트 지향주의, 출세 지향적 사고방식 등이 청소년 자살과 관련된 외적인 요소들입니다.

노인 자살도 마찬가지입니다. 노인 개개인의 우울증과 좌절과 비관도 원인이지만, 노인 자살률이 점점 높아지는 이유는 한국사회의 구조적 문제도 있다고 생각합니다. 산업화시대와 정보화시대를 거치면서 가정이 파편화되었습니다. 1인 가구가 급상승하고 있으며, 자식으로부터 버림받은 노인들은 고독을 견디지 못합니다. 대가족 사회에서 핵가족으로, 1인 세대로 분화한 한국사회는 세대 간에 극심한 단절을 겪고 있습니다. 자녀 세대는 경제적으로 독립하여 가정 경제를 세우기가 힘들 뿐만 아니라, 바쁘고 분주한 일상생활은 물리적·경제적으로 부모를 돌보기가 쉽지 않습니다. 이처럼 자살은 개인적인 차원을 넘어 사회적 차원의 요인들이 중요하게 작용함을 고려하여 일반적으로 사회적 타살이라고까지 말합니다.

이런 의미에서 사회적인 차원에서의 자살 예방을 위해 다음 몇 가지를 제안합니다.

첫째, 경쟁이 아닌 공존하는 사회 분위기 형성입니다. 돈이 최고의 가치를 지니는 자본주의, 물질주의, 황금만능주의가 지배하는 우리 사회는 더 많은 돈을 벌기 위해 정부, 기업, 회사, 개인이 무한 경쟁을 하고 있습니다. 결국 승자는 모든 것을 독식합니다. 이런 사회 분위기는 공동체의 연대를 무시하여 가난한 사람, 장애가 있는 사람, 실패한 사람 등이 소외되기 때문에 자살을 선택하게 합니다. 무한 경쟁의 사회가 아닌 사회 구성원 간의 공존을 위해 소통하고 협력하는 사회 분위기를 형성해야 합니다. 공존의 사회에서는 가난한 사람, 장애가 있는 사람, 실패한 사람들이 격려와 위로를 받고 희망을 얻게 됩니다.

둘째, 불의와 불평등이 아닌 정의와 공의로운 경제 분위기 형성입니다. 불의가 횡행하는 사회에서는 구성원들이 불이익을 당하므로 불평과 불만이 누적됩니다. 이러한 억울함은 삶을 불행하게 하고 극단적인 결단을 하게 만듭니다. 그렇기 때문에 정의로운 사회가 되어야 합니다. 돈 있는 사람이나 돈 없는 사람이나 법 앞에 평등한 정의로운 법질서가 확립되어야 합니다. 갑을 관계로 인한 불평등, 금수저니 흙수저니 하며 차별을 당하는 불평등 사회가 아니라 경제적으로 공의가 실현되는 나라가 되어야 사람 살맛이 나기 시작합니다.

셋째, 새로운 교육 환경의 형성입니다. 우리나라 교육문제의 책임은 정부, 학교 그리고 학부모에게 있음을 모두가 인정할 것입니다. 책임 있는 교사, 학부모 그리고 정부가 새로운 교육 환경을 만드는 일에 적극적으로 나서야 합니다. 혁신 학교의 모토인 '경쟁 아닌 협력', '주입 아닌 토론', '배제 아닌 배려'는 우리나라의 모든 교육문제 책임자들이 지향해야 할 자세입니다.

넷째, 새로운 형태의 가정 및 마을 공동체 형성입니다. 인간 사회에서 가장 기본이 되는 가족 공동체의 파괴는 재앙을 가져오고 있습니다. 국가와 사회가 건전한 공동체가 되기 위해서는 가정의 회복과 공동체의 회복이 필요합니다. 현재 우리 사회는 과거 산업사회 혹은 농업사회로 되돌아갈 수 없습니다. 다른 형태로 진화하는 우리 사회에 적합한 새로운 가정 공동체, 마을 공동체를 형성하여 진정한 사랑, 친밀함, 희생, 베풂, 돌봄, 동반 성장 등을 경험하도록 해야 합니다.

자살에 대한 기독교적 접근[55]

첫째, 성경과 신학은 자살에 대해 어떻게 이야기할까요? 생명은 철저하게 그 원천인 하나님께서 주신 선물입니다. 이는 기독교 신앙의 생명에 관한 가장 근본적인 명제입니다(창 2:7; 시 36:9). 성삼위 하나님께서 생명의 창조주이고 생명의 원천이라는 선언은 깊은 생명 존중 사상의 선포요, 표현입니다. 이 선언은 불가침의 진리로서 사람이 하나님의 형상으로 지음받았다는 증언에 깊이 새겨져 있습니다. "하나님이 자기 형상 곧 하나님의 형상대로 사람을 창조하시되 남자와 여자를 창조하시고"(창 1:27). 이 선언에는 생명의 주권이 하나님께 있기에 그 누구도 다른 이의 생명이든지 자신의 생명이든지 파괴할 수 없다는 강한 의지가 반영되어 있습니다(신 32:39; 삼상 2:6; 욥 1:21; 계 1:18 참조).

55　대한예수교장로회총회 사회봉사부 생명신학협의회, "자살에 대한 목회지침서", 제99회 총회 정책문서, 내용 정리 및 요약.

성삼위 하나님께서 은총으로 주신 생명에 대한 사랑, 곧 십계명과 예수님의 이웃 사랑과 자신의 '몸'에 대한 사랑(마 22:39 참조)의 말씀을 고려할 때 사람에게는 자살할 권리가 없습니다(아우구스티누스, 《하나님의 도성》 1권 20절 참조). 오직 하나님만이 사람의 삶과 죽음을 결정할 수 있기 때문에 자살은 하나님, 자신 그리고 이웃을 향한 죄입니다(아퀴나스, 《신학대전》 2부 64문제 5절 참조).

하지만 예수께서는 생명 파괴와 상실의 사변적인 원인을 따지지 않고 오히려 그들에게 하나님의 긍휼의 정의에서 비롯되는 치유의 은총을 먼저 베푸셨습니다(막 1:23-26; 눅 4:31-37; 막 5:1-5; 마 8:28-34; 눅 8:26-39 참조). 생명의 복음은 성삼위 하나님의 긍휼의 정의를 탕자를 불쌍히 여기시는 아버지(눅 15:11-32)로, 도저히 갚을 길 없는 빚진 자를 불쌍히 여겨 그 빚을 탕감해 주는 주인(마 18:21-35)으로, 그리고 강도 만나 거의 죽은 사람에게 자비를 베푸는 사마리아 사람(눅 10:25-37)으로 비유합니다.

다소 해석의 차이가 있을 수 있지만, 성경에도 스스로 생명을 파괴하는 행위가 구약에 다섯 차례, 신약에 한 차례 모두 여섯 차례 나타납니다. 삼손의 죽음(삿 16:23-31), 사울의 죽음(삼상 31:1-13), 사울의 무기병의 죽음(삼상 31:5), 압살롬의 군대장관 아히도벨의 죽음(삼하 17:23), 시므리의 죽음(왕상 16:15-18) 그리고 가룟 유다의 죽음(마 27:3-10; 행 1:18 참조)입니다. 신구약 모두 스스로 생명을 파괴하는 행위 자체를 명시적으로 정죄하지 않는다고 해서 자살을 긍정하거나 용인한다고 오해해서는 안 됩니다. 그러나 성경은 인간의 지혜와 판단에 가려진 채 오직 하나님께만 알려지는 영역이 있음을 분명하게 증언합니다.

둘째, 자살자에 대한 장례와 애도를 금지해야 합니까? 교회는 자살자들에 대한 애도와 장례에 대해 엄격한 입장을 취한 적이 있습니다. 563년의 브라가(Braga) 공의회는 자살자들을 위한 장례에서의 성만찬 시행 및 시편 찬양을 금지했습니다. 그 이후 수 세기 동안 중세 가톨릭교회는 참회 없이 자살을 범한 사람들을 용서받을 수 없는 죄인으로 간주하면서 거룩하게 구별한 묘지에 묻히는 것을 금했습니다.

한때 교회가 취한, 자살자들의 시신과 유족들에 대한 엄격한 입장은 성삼위 하나님의 긍휼의 정의를 무시한 채 생명의 복음을 지나치게 경직되게 해석한 측면이 없지 않습니다. 자살을 정당화하지 않으면서 사람의 생각으로는 헤아릴 수 없는 하나님의 긍휼의 정의에 기대어 함께 애도하고, 비탄에 빠진 이웃들을 치유로 인도하는 공동체 회복의 예식은 복음의 근본정신에 어긋나지 않을 것입니다. 예수 그리스도의 참된 제자들은 사랑하는 사람을 잃고 살아남은 자로 살아가는 일이 얼마나 괴롭고 슬픈지 알고 있기 때문입니다(요 11:32-33, 20:11 참조).

기독교인이며 죽음교육 전문가인 유경 씨는, 교회가 자살한 사람의 장례식을 집례할 수 있는가를 설명하면서 어느 목사님의 이야기를 인용합니다.

어느 목사님의 대답, "자살한 사람의 영혼 구원 문제는 인간의 영역이 아닙니다. 물론 그렇다고 해서 스스로 목숨을 끊어도 된다는 뜻은 아니고, 다만 우리들의 잣대를 가지고 단죄해서는 안 된다는 겁니다. 구원의 문제는 하나님께 맡기고 우리는 남은 가족의 평안을 위해서 기도하고 위로해야 합니다. 저는 가여운 영혼을 하나님께서 받아 주시기를 간구할 것이고, 아울러 가족들의 큰 슬픔을 하나님께서 위로해 주시기를 빌 겁니다."

셋째, 자살에 대한 기독교적 대응책은 무엇입니까?

생명의 복음을 전해야 합니다

성령의 능력 안에서 예수 그리스도의 삶과 십자가와 부활을 통해 계시된 하나님 나라 생명 복음을 타협 없이 담대하게 선포하고 가르치고 실천해야 합니다. 복음이 세상 속에서 생명의 인격, 생명의 가치, 생명의 문화, 생명의 경제 그리고 생명 공동체의 회복을 지향하는 방식으로 구현되어야 합니다.

자살에 대해 함부로 판단하지 말아야 합니다

생명 구원은 철저하게 하나님의 자유와 은혜의 주권에 속해 있습니다. 따라서 한순간의 그릇된 결정으로 스스로 목숨을 끊는 행위로 인해 지옥에 간다는 단정을 하지 말아야 합니다. 성경의 증언과 신학자들의 해석에 비추어 볼 때 스스로 목숨을 끊는 행위를 용서받을 길 없는 가장 치명적인 대죄로 간주할 근거는 부족합니다. 하나님의 긍휼의 정의를 숙고하지 않은 채 스스로 목숨을 끊는 모든 행위를 가장 치명적인 대죄로 혹독하게 정죄하는 율법주의는 생명 복음의 본질을 놓치는 것입니다. 실제로 자살은 설명하고 해명하기 어려운 동기들에 의해 일어납니다. 하나님의 신비에 속한 문제들에 대해 지나치게 인간의 제한적인 지식에 기대어 판단하고 정죄하면서 공동체의 일치를 깨트리는 어리석음을 범해서는 안 될 것입니다.

자살로 인한 유가족을 위로하고 돌봐야 합니다

자살 유가족은 자살의 위험에 가장 크게 노출된 사람들입니다. 이들은 슬픔, 죄책감, 분노, 포기 등의 감정을 품고 있어 하나님의 위로와 공동체의 돌봄이 가장 필요합니다. 그러나 자살에 대해 교회는 관대하지 못하기 때문에 유가족에게 상처를 주어 이들이 교회를 등지거나 신앙마저 놓게 하는 경우가 많습니다. 이에 교회는 이들의 아픔을 위로하는 공동체의 사역을 감당해야 합니다. 특히 장례 과정에서 논쟁보다는 이들과 함께해주는 것이 무엇보다 중요합니다. 또한 추모예배를 놓치지 않고 교역자들과 성도들이 챙겨 주는 일은 또 다른 자살 위험을 막는 길입니다.

교회와 지역사회가 연계하여 생명을 살려야 합니다

한 생명을 살리는 일은 그를 둘러싼 모든 이들이 가져야 할 역할입니다. 그것은 자살예방 담당자뿐만 아니라 보건소, 파출소, 주민센터, 복지관, 어린이집, 학교, 학원, 종교기관 등 모든 이들이 나서야 할 일입니다. 그뿐만 아니라 우체부, 신문 및 요구르트 배달원, 검침원, 복지사 등도 중요한 자살예방 요원이라고 할 수 있습니다. 이들이 주변을 관심 있게 돌아보고 어려운 이들을 전문가들과 연계해 준다면 생명을 살리는 일이 일어날 수 있기 때문입니다.

안락사를 다룬 영화 〈씨 인사이드〉[56]

스페인 영화 〈씨 인사이드〉는 다이빙 사고로 경추가 부러

---

56 정현채, "안락사를 보는 시선들(2)"에서 '죽음, 또 하나의 시작' 항목. http://navercast. naver.com/contents.nhn?rid=275&rid=&contents_id=70489, 영화 〈씨 인사이드〉(The Sea Inside, 2004)에 관한 내용 정리.

져 전신마비로 28년을 누워 있던 한 남자의 실화입니다. 그는 법원에 안락사를 청원하지만 받아들여지지 않습니다. 그러자 몇몇 사람의 도움으로 독극물을 녹인 물을 마시고 삶을 마감하면서, 그 과정을 비디오로 촬영하게 합니다. 법원에 안락사를 청원한 주인공에게 변호사는 왜 죽으려는지 묻습니다. 주인공인 라몬 삼페드로(Ramon Sampedro, 1943–1998)는 이렇게 대답합니다.

> 이런 상태의 내 삶은 존엄성이 없으니까요. 다른 전신마비 환자들에게 이런 말을 하면 화를 내겠죠. 난 누굴 비난하지 않아요. 내가 뭐라고 살고 싶어 하는 사람을 비난하겠어요? 그러니까 나와 내 죽음을 도와줄 사람들도 비난하지 않았으면 좋겠어요.

누군가가 당신의 죽음을 도와줄 거라고 생각하느냐는 변호사의 물음에 주인공은 "그거야 믿음을 갖고 있는 사람에게 달렸죠. 죽음에 대한 두려움을 극복한다면 그리 어려운 일도 아니죠. 죽음은 항상 우리 곁에 존재해 왔고 앞으로도 그럴 것이며 결국엔 우리 모두가 죽게 되죠. 죽음은 우리 삶의 일부인데 전신마비 환자인 내가 죽고 싶다는 것에 대해 사람들이 왜 그렇게 떠들어대는 거죠? 마치 무슨 전염병이라도 되는 것처럼 말이죠"라고 대답합니다.

한편 안락사 청원이 스페인 전역에 알려지면서 TV에도 보도되는데, 전신마비 환자로서 목회 활동을 하던 어떤 신부의 인터뷰도 나옵니다. 그 신부는 "주인공은 살고 싶지 않다고 하지만 같은 전신마비 환자인 저는 모르겠습니다. 저는 이분이 사실은 사회적 관심이나 우리의 주목을 원하는 게 아닐까 합니다. 아마도 주위에 있는 가족, 친구들이 제대로 사랑을 주지 못했거나 도움을 못 줬기 때문이겠죠. 사실 이분이 바라는 건 좀 더 사랑을 받는 게 아닐까요?"라고 말합니다.

신부의 발언은 주인공을 26년간 헌신적으로 돌봐 온 그의 가족에게 심한 상처를 주고 분노케 합니다. 주인공의 안락사 청원을 단지 그가 가족의 사랑을 못 받아 사회의 관심을 끌려는 행동 정도로 폄하했기 때문이었죠. 그 후 신부는 주인공을 설득하기 위해 집으로 찾아옵니다. 주인공은 2층에 놓인 자신의 침대에 누운 채로, 신부는 휠체어를 좁은 계단으로 올릴 수 없어 1층 계단 발치에 머문 채로, 서로 목소리를 높여 논쟁을 벌입니다. 신부가 안락사를 반대하는 이유는 이렇습니다.

우리는 영원 속에 존재하기 때문에 생명은 우리의 것이 아닙니다. 생명이 자신의 것이라는 부르주아적 발상이 바보 같은 극단으로 치닫게 합니다. 삶을 끝내는 자유는 자유가 아닙니다. 삶은 단지 팔을 움직이거나 뛰어다니거나 공을 차는 것 이상의 의미가 있습니다. 삶은 또 다른 무엇이죠. 삶은 그 이상이랍니다.

이 영화는 1990년대 말 스페인에서 일어난 실화이므로, 안락사 청원을 받은 당시 스페인 법정이 이 문제를 어떻게 다루었는지 살펴보는 일이 매우 중요합니다. 법정에서의 심리 절차에서 변호인이 한 발언을 들어 봅시다.

이 나라는 종교의 자유와 사유 재산을 인정합니다. 개인이 품위를 유지하고 고통받지 않을 권리를 헌법으로 보장하고 있습니다. 원고처럼 부당한 상황에 있는 사람이 자신의 삶을 스스로 결정하겠다고 하는 것은 정당합니다. 사실 자살을 했거나 시도했다고 처벌을 받지는 않습니다. 그러나 존엄성을 지키며 죽기 위해 타인의 도움을 받아야 하는 경우 정부가 개입해서 목숨은 개인 자신의 것이 아니라고 하고 있습니다. 친애하는 재판장님, 이건 철학적인 신념입니다. 다른 말로는 종교적인 믿음이라고 할 수 있습니다. 종교적으로 중립이라고 주장하는 정부가 결국은 매우 종교적인 이유로 안락사를 반대하는 겁니다. 판사님들께서 법률적인 판단과 함께 이성적이고도 인간적인 판단을 내려 주시길 바랍니다.

그러면서 휠체어를 타고 먼 길을 와서 앉아 있는 원고가 직접 짧은 소견을 말할 수 있도록 기회를 요청하지만 기각당합니다. 28년의 세월을 기다려 온 주인공이 하는 단 3분간의 발언조차 절차에 맞지 않는다며 거절한 것입니다. 법원에서 안락사 청원이 최종적으로 기각되자 주인공은 자신을 도와주는 자원봉사자들의 도움을 받아 원래 계획대로 삶을 마무리합니다.

안락사를 다룬 많은 영화 중 추천할 만한 몇 가지를 소개합니다.

2005년 아카데미상 7개 부문에서 후보에 올랐던 영화 〈밀리언 달러 베이비〉(Million Dollar Baby)는 권투에 관한 영화 같지만 사실은 안락사라는 주제를 다루고 있습니다. 현재 80대 후반의 클린트 이스트우드가 감독 겸 배우로 나옵니다. 2010년 인도 영화 〈청원〉(Guzaarish)은 모든 것이 가능했던 천재 마술사의 마지막 한 가지 청원을 말하고 있습니다. 이 마지막 청원은 그가 할 수 없었던 것입니다. 종교 영향이 강한 인도에서 안락사를 본격적으로 다룬 영화라는 점에서 눈길을 끕니다. 역시 2010년에 발표된 〈유 돈 노우 잭〉(You Don't Know Jack)이라는 영화입니다. 안락사에 관한 기사나 논문에서 반드시 인용되는 미국의 의사 잭 케보키언(Jack Kevorkian, 1928-2011)의 실화를 다루었습니다. 케보키언은 130명의 환자에게 안락사를 시행한 의사입니다.

안락사를 다룬 영화는 아니지만, 전신마비 환자가 자신의 인생관과 죽음관에 따라 삶을 어떻게 살았는지를 보여 주는 유명한 영화가 있습니다. 2007년 칸 영화제에서 감독상을 수상한 프랑스 영화 〈잠수종과 나비〉(Le Scaphandre et le Papillon)입니다. 이 영화도 실화를 영화화한 작품입니다.

영국 작가 조조 모예스(Jojo Moyes)의 로맨스 소설《미 비포 유》(Me Before You)를 같은 이름으로 영화화한 〈미 비포 유〉(2015)도 추천합니다. 영화를 보고 난 후에 책으로 읽기를 권한다는 작품입니다. 꿈 같은 삶을 산 남자와 꿈을 선물 받은 여자의 이야기라고 할 수 있습니다.

안락사와 존엄사에 대하여

서울대학교 암병원 암통합케어센터의 윤영호 교수는 이렇게 말합니다.[57]

안락사란 무엇인가요? 모든 질병으로 인한 자연적인 죽음보다 훨씬 이전에 생명을 마감시키는 것을 의미하며, 질병에 의한 죽음이 아니라 인위적인 행위에 의한 죽음을 의미합니다. 존엄사와는 의미가 다른 것입니다.

안락사에는 적극적 안락사와 소극적 안락사가 있습니다. 먼저, 적극적 안락사는 환자의 요청에 따라 고통을 받고 있는 환자에게

---

57   윤영호, 《나는 한국에서 죽기 싫다》, 204쪽.

약제 등을 투입해서 인위적으로 죽음을 앞당기는 것입니다. 다음으로, 소극적 안락사는 환자나 가족의 요청에 따라 생명 유지에 필수적인 영양 공급, 약물 투여 등을 중단함으로써 환자를 죽음에 이르게 하는 것입니다.

그렇다면 존엄사는 무엇일까요? 인간적 삶을 살 수 있도록 최선의 의학적 치료를 다했음에도 불구하고 돌이킬 수 없는 죽음이 임박했을 때 의학적으로 무의미한 연명의료인 기계적 호흡, 심폐소생술 등을 중단함으로써 질병에 의한 자연적인 죽음을 받아들이는 것을 말합니다. 이때는 의학적 치료가 더 이상 생명을 연장할 수 없기 때문에 무의미한 연명의료를 중단한다고 하더라도 그 치료의 중단으로 생명이 더 단축되는 것을 의미하지는 않습니다.

현재 우리나라는 어떤 의미의 안락사도 인정하지 않고 있습니다. 또한 종교계를 비롯해 WHO에서는 안락사보다는 존엄사의 일환으로 시행되는 무의미한 연명의료를 중단하고 호스피스 및 완화의료를 대안으로 시행할 것을 권장하고 있습니다. 호스피스 및 완화의료에 대해서는 다음 장에서 살펴보겠습니다.

적용하기

◈ **【부록 5】**의 '자살에 대한 자기진단'을 작성해 보세요. 자살에 대한 나의 상태를 파악해 보고 주변 사람들을 자살로부터 예방하기 위해 적극적으로 할 수 있는 일을 찾아서 적어 보세요. 예를 들면 자살예방교육 프로그램에 참여할 수 있습니다. 기독교자살예방센터(www.lifehope.or.kr)를 방문하여 무엇을 할 수 있는지 찾아보세요.

◈ 안락사를 다룬 영화 〈씨 인사이드〉와 안락사에 관해 참고할 만한 영화 〈잠수종과 나비〉를 관람하고 소감을 적어 보세요.

- 9주 -
호스피스

생각하기

◈ 당신을 마지막까지 뒷바라지해 줄 사람은 누구라고 생각합니까? 나의 마지막을 생각하면서 **【부록 6】**을 작성해 보세요.

호스피스에 대해 아는 분도 있겠지만, 처음 듣는 분도 있을 것입니다. 병원이 환자의 병을 낫게 하는 역할을 한다면, 호스피스는 병원의 치료 행위가 한계에 도달한 분들이 편안하고 존엄한 죽음을 맞이할 수 있도록 돕습니다.

모르면 후회합니다

2014년 12월 19일자 〈조선일보〉에 실린 기사입니다. 연명치료, 완화치료, 호스피스에 대한 상식과 지식이 없으면 이렇게 후회할 수 있음을 보여 줍니다.

어머니는 생전에 "인공호흡기 같은 거 달지 마라" 하시며 구차스럽게 연명하지 않겠다는 뜻을 밝히시곤 했다. 하지만 막상 그 상황이 되니 자식 된 도리로 어머니의 뜻을 따를 수 없었다. 결국 어머니는 인공호흡기를 달고 28일간 고생하시다 얼마 전 돌아가셨다. 작고하시기 전, 어머니는 요양원에서 식사하시다가 음식이 기도를 막아 4분여 동안 숨이 멈췄다. 인공심폐소생 조치로 겨우 소생하셨지만 무의식 상태에서 병원 응급실로 옮겨졌다. 의사가 "인공호흡기를 달까요?"라고 물었을 때 어느 자식인들 거부할 수 있었을까? 장례를 치르고 뒤돌아보니, 요양원은 성의를 다해 심장을 소생시켰다. 고마울 따름이다. 아쉬움이 있다면 '인공호흡기를 일단 부착하면 법적으로 뗄 수 없다'는 사실을 의사도 말해 주지 않고 우리도 몰랐다는 것이다. 입에 여러 종류의 생명유지 기구를 꽂고 의식 없이 숨을 헐떡거리는 어머니의 모습을 안타깝게 바라보면서 그런 사실을 알았으니 이런 불효도 없었다.

응급실에 막 당도한 아들에게 "인공호흡기를 부착하시겠습니까?" 하는 의사 말에 아들이 "네" 하는 것은 당연했다. "아니요"라고 했다면 아들은 평생 다른 형제들로부터 비난을 받았을 것이다. 그 다급한 순간에 자식들은 경황과 경험이 없었다. 연명 닷새 후, 병원 측이 더 이상 중환자실에 계실 수 없다고 통보했다. 소생 가능성이 없는 데다 밀려드는 중환자들 때문이었다.

어머니는 생명유지 장치를 부착한 채 요양병원으로 옮겨졌다. 돌아가시는 날까지 근 한 달간 매일 두 번씩 요양병원을 방문해서 어머니의 안쓰러운 모습을 무기력하게 지켜봐야 했다. 그동안 옆침대 노인 몇 분이 돌아가셨다. 어머니는 한 달가량 입에 인공호흡기를 단 채 계속 기구로 가래를 빼냈다. 어머니는 의식이 없어 고통을 느끼지 못한다고 하지만 의식 있는 우리의 가슴은 미어졌다. 돌아가시기 며칠 전에는 의사가 "입으로 호흡 기구를 달면 감염 위험이 많아 더 힘들어진다"며 "목에 구멍을 뚫어 관을 넣자"라고 했다. 자식들은 그동안 깨달은 바가 있어 "또 다른 고통을 줄 뿐"이라며 반대했다. 11월 20일, 어머니는 운명하셨다. 입에 부착했던 기구들을 빼고 일그러진 흉한 입을 가제로 덮었다. 자식들의 무지로 마지막 순간까지 고생시켜 드린 것이 죄스러워 어머니의 주검 위에 엎드려 울었다.

지금 이 순간에도 많은 노인이 인공호흡기를 달고 목숨을 이어 가고 있다. 기계에 의존해서 90세 노인의 생명을 연장하는 것이 과연 잘하는 일인지 나 자신에게 묻고 또 물었다. 어머니께 고통을 안겨 주고서야 비로소 깨달았다. 노인들이 존엄성 있는 죽음을 맞을 수 있도록 나이와 상황에 맞게 법과 제도를 고쳐야 한다는 것을.[58]

알면 쉽습니다

다음 이야기는 2014년 9월 2일자 〈타임〉에 실렸던 기사입니다. 의사도 죽음을 앞두고 살고 싶을 것입니다. 하지만 다음 내용은 무엇이 현명하고 쉬운 길인지를 보여 줍니다.

몇 년 전 평판이 상당히 좋은 정형외과 의사면서 나의 친구이기도

---

58 오민경, "지켜드리지 못한 어머니의 尊嚴死(존엄사)", 〈프리미엄조선〉, http://
premium.chosun.com/site/data/html_dir/2014/12/18/2014121804107.html?cont02

215 —— 9주 호스피스

한 찰리가 위에서 종양을 발견했다. 그는 그 부분을 외과 진찰하였다. 진단은 췌장암이었다. 외과의는 우리나라 최고 명의 중의 한 분이었다. 외과의는 바로 이런 암 환자의 5년 생존 가능성을 5퍼센트에서 15퍼센트로 3배나 늘릴 수 있는 (비록 삶의 질은 나쁘지만) 새로운 치료법을 개발하기도 하였다.

그러나 찰리는 심드렁했다. 그는 다음 날 병원 문을 닫고는 집으로 가서 다시는 병원에 발을 들여놓지 않았다. 그는 가족과 함께 시간을 보내는 데 주력하면서 가능한 기분 좋게 지내려 하였다. 몇 개월 후 그는 집에서 세상을 떠났다. 화학요법도 방사선요법도 외과 치료도 하지 않았다. 그는 병원 치료에 많은 돈을 쓰지 않았다.

자주 다루는 주제는 아니지만, 의사들 역시 죽는다. 그리고 의사들은 우리들처럼 죽지 않는다. 대부분의 미국인들과 비교해 볼 때 특이한 것은 의사들이 얼마나 치료를 많이 받는가가 아니라 얼마나 적게 받는가 하는 점이다. 의사들은 평생을 다른 사람들의 죽음을 막기 위해 살아왔지만 자신들의 죽음에 직면해서는 꽤 평온한 경향이 있다. 그들은 어떤 일이 일어나고 있는지 정확히 알고 있고 어떤 선택들이 있는지 안다. 그리고 자신들이 원하는 치료는 일반적으로 얼마든지 받을 수 있다. 그러나 그들은 점잖게 떠난다.

물론 의사들도 죽고 싶지 않아 하고 살고 싶어 한다. 그러나 그들은 현대 의학을 잘 알고 있고 그 한계도 알고 있다. 그리고 모든 사람들이 가장 두려워하는 점이 고통 속에서 홀로 죽어 가는 것임을 알 정도로 죽음에 대해서 잘 알고 있다. 이러한 점을 두고 의사들은 가족들과도 함께 얘기를 해왔다. 그들은 때가 되면, 어떤 영웅적인 조치도 취해지지 않기를 분명히 해두고 싶어 한다. 지상에서의 마지막 순간에 누군가가 자신을 심폐소생술(CPR)로 살리기 위해 갈비뼈를 부러뜨리는 일(심폐소생술을 제대로 하면 일어나는 일)을 당하고 싶지 않다는 것을 분명히 하길 원한다.

거의 모든 의료전문가들이 사람들에게 행해지는 소위 '헛된 치료'를 목격해 왔다. 의사들이 임종에 이른 중환자들에게 첨단기술을 사용하면서 하는 치료가 그것이다. 환자는 수술을 받고 튜브를 삽입하고 기계에 매달려 약물 세례를 받는다. 이 모든 것이 하루에도 수만 달러의 비용이 드는 중환자실에서 일어나는 일이다. 돈으로 산 것은 테러리스트에게 물을 수도 없는 비참함이다. 동료 의사들이, 말은 조금씩 다르지만, 얼마나 자주 내게 이런 얘기를 했는지 모른다. "내가 만약 이런 처지에 놓이게 되면 차라리 나를 죽여 주겠다고 약속해 줘." 어떤 의료인은 자신에게 심폐소생술을 하지 말라는 뜻을 새긴 메달을 갖고 다닌다. 나는 심지어 문신으로 새긴 사람도 보았다.[59]

---

59 Ken Murray, 〈Time〉, "Why Dying Is Easier for Doctors". 고재섭 역, "의사들은 왜 쉽게 죽음을 맞이할까", http://time.com/author/ken-murray/

어느 호스피스 봉사자의 간증

다음 이야기는 모현 호스피스에서 봉사하는 어느 수녀의 간증을 정리한 것입니다.[60]

한 번도 만난 적이 없는 스님에게서 전화가 왔습니다. 스님이 돌보는 환자가 있는데 불교 신자라고 합니다. 그런데 이 환자가 말은 안 하고 화만 내고 있어서 도저히 도움을 줄 수 없다며 모현 호스피스에서 도와줄 수 없느냐고 했습니다. 아마도 어떤 사람이 모현 호스피스를 소개해 준 모양이었습니다. 어떻게 할지 고민되었지만 스님의 간절한 청에 못 이겨 환자가 있는 병원으로 갔습니다.

환자는 신체도 건장하고 잘생긴 50대 남자분이었습니다. 그런데 치아암의 통증이 너무 심해 신경이 극도로 예민해져 있었습니다. 병원에서 통증 조절이 안 되자 모든 사람에게 화를 냈습니다. 의사들도 어쩔 줄 몰라 했고, 우리가 찾아갔을 때 환자는 우리를 쳐다보지도 않았습니다. 한동안 가만히 지켜보다가 그날은 그냥 돌아가려고 병실 문을 나왔습니다. 부인이 쫓아 나

---

60   마리아의작은자매회, 《죽이는 수녀들 이야기》(휴, 2010), 92–95쪽 내용 정리.

오며 환자가 너무 힘들게 하니 도와 달라고 했습니다. 며칠간 담당 의사를 만나 의논했습니다. 더 큰 병원으로 옮겨 수술하면 치유는 아니지만 통증은 완화시킬 수 있을 것이라고 했습니다.

환자는 그 말을 듣고도 아무런 반응이 없었습니다. 그러고는 자신은 천주교 신자가 아니니 찾아오지 말라고 했습니다. 우리는 신자가 아니라도 당신이 많이 아프니 도와주고 싶다고 했습니다. 며칠 후 다시 갔을 때에도 돌아눕더니 말이 없었습니다. 이렇게 며칠째 방문했지만 속으로 기도만 하고 돌아왔습니다. 그러던 어느 날, 그 환자가 느닷없이 "대체 나는 하나님도 믿지 않는데 왜 자꾸 오는 거예요?"라고 했습니다. 부정적인 물음이지만 대화의 시작이라는 생각에 기쁜 표정으로 대답했습니다.

"형제님은 잘 모르시지만 제가 생각하기에는 하나님이 형제님을 많이 사랑하시는 것 같습니다. 그래서 우리도 그 사랑을 전해 드리고 싶어 찾아옵니다."

이 말에 뜻밖에도 환자의 표정이 변했습니다. 그러고는 "정말 하나님이 나를 사랑하실까요?" 하고 물었습니다. 우리는 "당연하죠. 하나님은 형제님의 고통을 보고 마음 아파하십니다. 그래서 우리는 그 사랑의 마음을 전해 드리고 싶습니다" 하고 대답했습니다. 그러자 그 환자는 눈물을 흘리며 우리 손을 잡았습니다. 우리는 그때부터 많이 가까워졌습니다.

환자는 병원을 옮겨 수술했고, 통증도 줄고 여러 가지 어려움들이 해소되기 시작했습니다. 부인에게 화풀이했던 것을 미안해했으며 가족 간의 갈등도 풀리기 시작했습니다. 그러면서 불교 신자인 부인과 함께 성당에 가고 싶다고 했습니다. 우리는 우리에 대한 고마움 때문이라면 그러지 않아도 된다고 말했습니다. 그랬더니 자신은 진심으로 성당에 다니고 싶으니 방법을 가르쳐 달라고 했습니다. 그래서 조금씩 교리 공부를 한 후 세례를 받았습니다.

호스피스란 무엇인가요?

호스피스(Hospice)란 용어의 어원은 라틴어 'HOSPES'와 'HOSPITUM'에서 유래한 것으로 알려져 있습니다. 접대하는 사람을 뜻하는 'Host'와 손님을 뜻하는 'Guest'의 합성어인 'HOSPES'와 손님을 맞이하는 장소를 뜻하는 'HOSPITUM'이 합쳐진 용어입니다. 그러므로 호스피스란 말은 따뜻하게 손님을 맞이하고 편안히 휴식을 취할 수 있도록 돌보며 환대한다는 의미입니다.[61]

일반적으로 호스피스는 죽음을 앞둔 말기환자 그리고 환자의 가족을 사랑으로 돌보는 행위를 말합니다. 즉 환자가 남은 생 동안, 인간으로서 존엄성과 높은 삶의 질을 유지하면서 죽음

'을 평안하게 맞이하노록 신체적·징서적·사회적·영적으로 돕는 것입니다. 동시에 사별 가족의 슬픔과 괴로움을 경감시키기 위한 모든 사랑의 봉사 활동을 일컫습니다. 오늘날 널리 사용되고 있는 이러한 현대적 의미의 호스피스 개념은 아일랜드 의사인 시실리 손더스(Cicely Saunders)에 의해 완성되었습니다. 한편 미국 호스피스 완화 의료기구(NHPCO, National Hospice and Palliative Care Organization)에서는 호스피스에 대해 다음과 같이 서술하고 있습니다.

> 호스피스는 전문적인 의료, 통증 관리, 정서적 지원, 영적 지원 등을 환자의 요구와 필요에 맞추어 삶의 말기에 협력하여 제공되는 자비로운 돌봄이다. 이때 지원은 환자가 사랑하는 사람들에게도 제공된다.[62]

호스피스는 역사적으로 초대 기독교 수도원에서 비롯되었습니다. 수도원에서 진료소를 겸하여 호스피스 사역을 수행한 것입니다. 한국호스피스협회의 《호스피스 총론》에 의하면 호스

---

61   한국호스피스협회 편, 《호스피스 총론》(한국호스피스협회출판부, 2007), 1쪽.
62   앞의 책.

피스의 기본정신은 마태복음 25장 40절 말씀에 기초하고 있습니다. [63]

> 내가 진실로 너희에게 이르노니 너희가 여기 내 형제 중에 지극히
> 작은 자 하나에게 한 것이 곧 내게 한 것이니라

우리가 이 세상에서 주린 사람, 목마른 사람, 헐벗은 사람, 병든 사람, 옥에 갇힌 사람을 돌보는 일은 곧 예수 그리스도를 돌보는 일이라고 말씀합니다. 특별히 병든 사람을 돌아보아 치료도 해야 하지만 치료가 한계에 도달한 사람들을 도와서 평안한 죽음을 맞이하도록 돕는 것이 곧 주님의 일입니다. 호스피스 사역은 주께서 우리에게 말씀하시는 일을 수행하는 것입니다. 주님은 우리에게 호스피스 사역을 감당하라고 명령하십니다.

한국호스피스협회의 《호스피스 총론》에서는 6가지의 호스피스 철학을 말합니다.

첫째, 호스피스 대상자는 치료가 불가능한 말기환자와 그 가족
     이다.

---

63   앞의 책. 2쪽.

둘째, 호스피스는 환자의 여생을 가능한 한 편안하게 하며 충만한
삶을 살도록 돕는다.

셋째, 호스피스 대상자가 삶을 긍정적으로 수용하게 하고 죽음을
삶의 일부로 자연스럽게 받아들이도록 돕는다.

넷째, 호스피스 환자의 여생을 인위적으로 연장시키거나 단축시
키지 않으며 살 수 있는 만큼 잘 살다가 자연스럽게 편안히
생을 마감할 수 있도록 돕는다.

다섯째, 호스피스는 환자와 가족의 요구와 필요에 부응하여 가능
한 한 모든 자원을 이용하여 이를 충족시키고 지지하며 죽
음을 잘 준비하도록 돕는다.[64]

일반적으로 호스피스 대상자가 호스피스를 받는 기간은 6개
월입니다. 물론 6개월 이상의 경우도 있을 수 있지만 대부분 환자
들이 호스피스 진료를 통하여 돌봄을 받고 죽음에 이르는 기간은
1–3개월 정도입니다. 이 기간 동안에 호스피스가 지향하는 존
엄한 죽음은 다음 3가지로 정리할 수 있습니다. 첫째는 신체적
인 고통이 없는 죽음이고, 둘째는 친밀한 사람들 곁에서의 죽음
이고, 셋째는 익숙한 환경에서의 죽음입니다. 이를 자세히 살펴

---

64   앞의 책.

보겠습니다.

첫째, 호스피스를 통해 신체적인 고통이 없는 죽음을 맞이합니다. 대구의료원 호스피스 의사이며, 《죽기 전에 더 늦기 전에》의 저자 김여환은 호스피스 의사가 된 뒤, 신이 인간에게 내린 최고의 선물로 모르핀을 생각하게 되었다[65]고 합니다. 1803년 독일의 세터너(Serturner)가 꿈의 신인 모르페우스(Morpheus)의 이름을 따서 만든 이 약을, 사람들은 마약이라고만 알고 있어 이에 관해 이야기하는 것조차 금기시합니다. 하지만 우리는 모르핀에 대해 알아야 합니다. 그래야 아프지 않고 죽을 수 있기 때문입니다. 바로 이 모르핀은 우리를 죽음의 공포보다 더 끔찍한 암성 통증에서 해방시켜 줍니다.

WHO의 추정에 따르면 암 환자 480만 명과 말기 에이즈 환자 140만 명이 고통에 대한 완화 치료를 받지 못하고 있다고 합니다. 미국, 캐나다, 프랑스, 독일, 영국, 호주 6개국은 전 세계 모르핀의 79퍼센트를 소비하지만, 세계 인구의 80퍼센트를 차지하는 중하위권 국가의 모르핀 소비량은 6퍼센트에 불과합니다(2005년 기준). 같은 해 우리나라의 모르핀 사용량도 호주의 152분의 1, 일본의 11분의 1 정도였습니다. 이것은 마약성 진통제에 대한 정보

---

65   김여환, 《죽기 전에 더 늦기 전에》(청림출판, 2012), 169-172쪽의 내용 정리.

와 지식이 부족해서 고통스럽게 죽어 가고 있음을 말해 줍니다.

암은 우리나라 사망 원인 1위입니다. 통계대로라면 우리도 암세포를 가지고 마지막을 보낼 가능성이 매우 높습니다. 하지만 적당량의 모르핀을 사용하면 아기를 낳는 산통보다 더한 암성 통증에서 15분 안에 자유로워집니다. 그리고 한 앰플(ampoule)에 200원도 하지 않는 저렴한 약입니다. 그리고 당뇨에 사용하는 인슐린은 부작용이 심하지만, 모르핀은 해독제까지 있어 용법만 잘 지키면 어떤 약보다 안전합니다. 또 많은 사람들이 나중에 통증이 더 심해지면 어떡하나 걱정하지만, 모르핀은 아무리 써도 통증에 대한 약효가 줄어들지 않습니다. 전문적으로 표현하자면, '모르핀은 통증에 대한 내성이 없습니다'. 마약성 진통제에 대해 오해하는 이들은 환자와 보호자들만이 아닙니다. 심지어 의료진도 마찬가지입니다.

암 환자를 비롯한 불치병 환자의 경우, 육체의 고통은 무엇보다도 두려운 대상입니다. 적극적으로 통증을 없애고 완화시켜서 신체적으로 평온한 가운데 죽음을 맞이하도록 해야 합니다.

기하라 부이치는 호스피스 병동에서 통증 관리를 받았던 아내의 경험을《호스피스의 기적》에서 이렇게 말합니다.

아내는 호스피스 병동에 입원하여 몰핀 수용액(MS라는 약자로 표기되어 있다. morphine solution의 약자) 덕택에 통증으로부터 해방되었다. '통증은 없고 밤에는 푹 잘 수 있게 되었으니 여기는 천국이에요'라는 아내의 말을 간호사는 진료카드에 기록해 두었다. 작은 컵에 든 몰핀 수용액은 아내에게 있어 실로 복음의 액체였다. 확실히 통증은 진정되었지만 그러나 그 대가라는 것이 하루 종일 머릿속이 멍하고 졸려서 견딜 수가 없는 상태에 빠져 있는 것이었다. 졸음은 변비와 더불어 몰핀수용액 복용으로 예상되는 부작용이었다. 변비는 설사약으로 완화되었지만 졸음은 어찌해 볼 도리가 없었다.[66]

통증에 대한 두려움이 죽음 불안의 중요한 요소입니다. 생명 연장을 위해 적극적인 치료를 받으며 고통스러운 것보다는 육체적으로 고통이나 통증 없이 편안한 죽음을 맞이하는 것이 나을 수 있습니다. 질병 체험 이야기를 연구하는 팀에서 2015년에 펴낸 《호스피스로 삶을 마무리하는 사람들》에 의하면 다음과 같은 통증 조절 방법들이 있습니다.[67]

초기에 통증을 조절하기 위해서는 비마약성 진통제를 사용

---

66 木原武一, 《死亡律百パーセントを生きる : ある愛と死の記録》(新潮社, 2000), 윤여경 역, 《호스피스의 기적》(리더스, 2002), 190쪽.
67 질병체험이야기 연구팀, 《호스피스로 삶을 마무리하는 사람들》(한빛라이프, 2015), 82쪽의 내용 정리.

합니다. 그러다 통증이 점점 심해지면 마약성 진통제로 넘어가게 됩니다. 마약성 진통제는 약한 마약성 진통제와 강한 마약성 진통제가 있으며 통증의 강도에 따라 각각 선택해서 사용하게 됩니다. 말기 암 환자를 치료하는 마약성 진통제는 내성이나 의존성이 생기지 않는다고 의학적으로 보고되어 있습니다. 마약성 진통제 사용은 염려하지 않아도 됩니다. 만약에 마약성 진통제로도 통증을 잡기 어려운 경우에는 마취통증의학과에서 시행하는 신경차단술을 받을 수도 있으며, 뼈로 전이된 경우에는 방사선 치료를 통해 통증을 완화시킬 수 있습니다. 전문가들의 경험에 의하면 암 환자의 90퍼센트 이상은 암성 통증을 완화시킬 수 있다고 보고하고 있습니다.

둘째, 호스피스를 통해 친밀한 사람들 곁에서 죽음을 맞이합니다. 사람들은 가장 가깝고 친밀한 사람들 곁에서 죽음을 맞이하고 싶어 합니다. 하지만 많은 사람들이 죽음을 이렇게 맞이하지는 못합니다. 1인 또는 2인 가족이 보편화되는 형편이기 때문에 고독사를 맞기도 하며, 각종 사건 사고로 원치 않는 죽음을 당하기도 합니다. 하지만 더욱 안타까운 것은 임종을 맞이하는 몇 개월의 기간을 친밀한 사람들과 함께 보내지 못하고 중환자실에 누워 있다가 죽게 되는 경우입니다.

사람마다 친밀한 사람들은 각각 다를 것입니다. 가족이 친밀할 수도 있고, 가족이 아닌 어떤 특정인을 편안하게 여길 수도 있습니다. 어떤 경우에는 특별히 인생의 마지막을 같이 할 친밀한 사람이 없지만 호스피스 의료진이나 봉사자들의 헌신적인 돌봄을 통해 일생 동안 경험하지 못한 친밀함을 느낄 수도 있습니다. 인생의 마지막에 홀로 남겨지거나 버려지지 않고 사랑과 우애와 따뜻한 정을 나누고 싶은 것은 인지상정입니다. 호스피스는 친밀한 사람들과 바로 이러한 정서적인 환경 속에서 살다가 죽음을 맞이하도록 도와줍니다.

셋째, 호스피스를 통해 익숙한 환경에서 죽음을 맞이합니다. 여러분은 어디에서 죽기를 원하십니까? 대부분의 사람들은 집에서 죽기를 원합니다. 《나는 한국에서 죽기 싫다》의 저자 윤영호는 집에서 죽고 싶은 이유를 이렇게 말합니다.

아직까지 많은 사람들은 죽음을 맞이하는 장소로 집을 선호합니다. 왜 자신의 집에서 죽기를 원할까요? 그 이유는 사람들은 신체적 편안함과 정신적 안정감을 집에서 얻기 때문입니다. 소속감과 안전성을 집에 있을 때 느끼게 됩니다. 가족과 함께 생활한 집은 사람들에게 삶의 중요한 일부분이며 지속적인 관계를 확인시켜 주는 공간입니다. 집에서 죽음을 맞이하게 되면 늘 살아왔던 것처럼 여전히 다른 사람과 같은 존재로서 죽어 간다는 것을 확인할 수 있습니다. 평소 지냈던 집은 환경을 통제하기 더없이 좋은 곳

이며 자율성과 사생활을 보호하기에도 적합합니다.[68]

하지만 모든 사람이 집에서 죽기를 바라지는 않을 것입니다. 가족 서로 간에 관계가 좋은 사람들은 부모, 형제, 친척의 지지를 받으며 집에서 죽음을 맞이하고 싶을 수도 있습니다. 하지만 가족관계가 소원하다거나 다른 사정이 있는 사람들은 집에서 임종을 맞기보다 병원이나 다른 시설에서 죽음을 맞이하고 싶을 수도 있습니다. 집이든 집이 아니든, 정신적·정서적·신체적으로 익숙하고 평온한 환경 속에서 죽음을 맞이하도록 호스피스는 돕고 있습니다.

윤영호는 임종의 장소, 특별히 호스피스 시설에 대해 다음과 같은 의미 있는 제안을 합니다.

임종의 장소는 어디가 좋을까? 이에 대한 대답은 각 개인과 가족의 상황에 따라 다를 것이다. 우리는 원하는 장소에서 누구나 아름다운 마무리를 해줄 수 있는 여건을 만들어 주도록 노력해야 한다. 사회적으로 관심을 갖는다면 몇 가지 방법이 있을 것 같다. 임종 장소 선택권을 확대할 수 있는 방안을 살펴보자.

---

68   윤영호, 《나는 한국에서 죽기 싫다》, 46쪽.

첫 번째는 가정 호스피스의 활성화다. 집에서 환자를 돌보고 싶어도 뜻대로 되지 않는 이유 중에 하나는 의료다. 아무리 애정과 헌신을 다하더라도 의료 행위를 못 하는 가족들은 집에서 돌보는 것이 불안할 수밖에 없다. 죽음이 임박한 상황에서 도움을 받을 수 있도록 의료진들도 구성된 24시간 가정 호스피스 시스템을 만든다면 이런 불안을 일정 부분 해소할 수 있다.

두 번째는 병원 내 '임종 대기실' 설치다. 현재 병원에는 중환자실과 장례식장은 있어도 임종 임박 환자를 위한 병실은 없다. 호스피스 병동의 마지막 단계에 해당하는 개념으로 임종 대기실을 만든다면 삶의 마지막까지 필요한 의학적 조치를 받으면서 가족과 함께 머물 수 있는 환경을 누릴 수 있을 것이다.

세 번째는 호스피스 시설의 확충이다. 물론 단순히 숫자만 늘릴 것이 아니라 접근성을 높이는 작업을 필요로 한다. 혐오시설이라는 인식을 벗고 병원과 집의 장점을 취합한 호스피스 시설이 가까운 지역에 위치한다면 임종이 다가오는 많은 사람들이 좀 더 인간적인 죽음을 맞이할 수 있을 것이다.[69]

---

69   앞의 책, 47쪽.

왜 호스피스 교육이 중요한가?

우리 모두는 호스피스 수혜자가 될 수 있습니다. 누군가가 내가 죽음을 잘 맞이하도록 사랑과 정성으로 봉사해 준다면 얼마나 고마울까요? 우리 가족이나 친밀한 사람 가운데 호스피스 수혜자가 될 수 있습니다. 그런데 호스피스 수혜자의 가족이나 지인이 호스피스를 이해하지 못하고 불안과 두려움을 보여 호스피스에 방해가 된다면 그처럼 안타까운 일이 어디 있겠습니까?

우리나라 호스피스 역사에서 선구적 역할을 감당하고 있는 모현 호스피스 수녀들의 이야기를 담은《죽이는 수녀들 이야기》에서는 우리가 호스피스 교육을 받아야 할 이유를 다음과 같이 설명합니다.

삶의 질을 향상시키고 풍요롭게 하는 일은 건강하고 부유한 가운데서만 이루어지는 걸까요? 단언컨대 그렇지 않습니다. 죽음에 임박하지 않았더라도 자신의 죽음에 늘 대비하는 자세로 사는 것은 매우 중요합니다. 그것은 자신뿐 아니라 가족이나 이웃의 죽음을 준비하는 일이기도 합니다. 죽음을 금기시하지 않고 가깝게 받아들일 때 그 삶은 더욱 풍요롭고 따뜻해질 것입니다.

호스피스 의뢰를 받고 가정방문을 가 보면, 의외로 환자보다 가족들이 병이나 죽음에 대한 두려움을 크게 느끼는 경우가 많습니다.

그런 가족들의 두려움이 환자 본인에게 더욱 큰 부담으로 작용하기 때문에 안타까운 마음이 들곤 합니다. 일반인 대상의 호스피스 교육이 절실한 이유입니다.

간암 말기의 한 아주머니는 따님이 신문기사를 보고 모현에 호스피스 가정방문을 의뢰해 왔습니다. 원래 다른 대학병원에서 호스피스 돌봄을 받던 분인데, 집에서 멀어 다니기 힘들어지자 우리에게 의뢰해 온 것입니다. 이분의 경우는 간병하는 따님이 그 병원 호스피스 팀으로부터 얼마간 교육을 받아 어머니를 이해하는 데 도움이 되었습니다. 처음에는 어머니의 병이나 죽음에 대해 두려움이 컸을 뿐 아니라 어머니의 얼굴색이 황달로 변해 가는 것도 무척 싫었다고 합니다. 하지만 호스피스 교육을 받은 후 변해 가는 어머니를 두려워하지 않고 죽음에 이르기까지 잘 돌볼 수 있었습니다.

현재 호스피스 교육은 여러 곳에서 행해집니다. 암센터, 대학병원 외에도 사회복지단체, 교회, 보건소, 복지관 등 다양한 곳에서 호스피스 교육을 받을 수 있습니다.[70]

조금만 생각해 보면 우리 모두는 호스피스 봉사를 감당할

---

70 마리아의작은자매회, 《죽어는 수녀들 이야기》, 66-67쪽.

—— 죽음 교양 수업

준비가 되어 있어야 합니다. 왜냐하면 우리 주변에는 언제든 호스피스 수혜를 받아야 할 사람이 존재하기 때문입니다. 호스피스 의사 김여환은 자신이 봉사하는 호스피스 병동에서의 임종 준비를 2가지 단계로 나누어 설명하고 있습니다.

첫 번째 임종 준비는 그림 동화책 《혼자 가야 해》를 읽어 주는 단계입니다.[71] 이 그림 동화책은 약 1, 2분이면 읽을 수 있는 분량입니다. 그림과 글을 통해 자기 죽음을 용감하게 준비할 수 있게 됩니다.

이 책의 작가 조원희는 이렇게 말합니다.

오랫동안 같이 있던 강아지가 세상을 떠났을 때, 마음의 준비를 하고 있었는데도 참 보내기가 힘들었습니다. 생활 속에 너무 익숙하게 자리 잡고 있어서, 이제 같이 있을 수 없다는 것을 알고 있었지만 실감이 나지 않았습니다.

아픈 강아지를 안고 매일 산책하던 공원을 마지막으로 걸었습니다. 그때는 슬픈 마음이 너무 커서 생각하지 못했지만 시간이 지날수록 행복하고 소중한 기억들이 하나둘 떠올랐고 그 시간들을 함께해 준 강아지에게 고마웠습니다.

---

71   조원희, 《혼자 가야 해》(느림보, 2011).

나는 홀로 남겨질 내 생각만 하면서 슬퍼했지만, 강아지는 자신이 떠날 때를 분명히 알고, 담담하고 자연스럽게 죽음을 받아들이는 것 같았습니다.

반짝이는 눈을 맞추고 꼬리를 흔들며 온 마음을 다해 그 순간을 살다가, 떠날 때는 툭툭 털고 "난 행복했어!" 하고 떠난다고 생각하니 큰 위로가 되었습니다.

버려지고 아픈 강아지들도 모두가 떠날 때는 따뜻한 곳에서 아름다운 소리를 들으며 담담하게 떠나는 모습을 그리고 싶었습니다.

이 책이 강아지를 떠나보낸 그리고 언젠가 떠나보낼 분들에게 작은 위로가 되기를 바랍니다.

그리고 살아 있을 때 온 마음을 다해 함께 행복하면 좋겠습니다.[72]

두 번째 임종 준비는 임종실 생활 안내문을 나누어 주는 단계입니다. 안내문의 내용은 아래와 같습니다.

우리는 언젠가 죽습니다. 그 순간이 이제 다가왔습니다.

다음은 《술 취한 코끼리 길들이기》에서 발췌한 내용입니다.

---

72   《혼자 가야 해》의 출판사 리뷰 중 '작가의 말' 전문 인용.

아잔 브라흐만은 임종의 순간을 이렇게 말했습니다.

어떤 훌륭한 콘서트가 막을 내려도 나는 결코 슬픔을 느끼지 않았다.

아버지가 돌아가셨을 때의 나의 감정이 정확히 그것과 같았다.

아버지의 죽음은 마치 멋진 콘서트가 마지막 막을 내린 것과 같았다.

너무도 훌륭한 연주였다.

하지만 결국 아버지가 '악기를 챙겨 집으로 돌아갈' 순간이 왔다.

아버지가 영원히 내 삶을 떠났음을 알고 있었지만 나는 슬퍼하지 않았다. 울지 않았다.

얼마나 훌륭한 아버지인가! 아버지의 삶은 내게 얼마나 강한 영감을 주었는가! 내가 아버지 옆에 있었다는 것이 얼마나 행운인가! 아버지 아들이었다는 것이 얼마나 운이 좋은가! 고마워요. 아버지.

이제 사랑하는 분은 떠나실 준비를 합니다. 수포음이라는 가래가 많은 호흡소리가 들리기도 하고, 몸과 얼굴은 불수의 수축이 일어나기도 합니다. 소변이 나오지 않고, 검은 눈동자가 점점 커집니다. 근육이 이완되고 호흡이 멈추고 심장이 멈추면 모든 것이 끝납니다.

이러한 임종의 단계는 힘들고 고통스러운 것이 아니므로 보호자분께서는 안심하셔도 됩니다. 임종의 단계에서 임종까지의 시간은 사람마다 다르므로 초조해하지 마시고, 그 순간을 기다려 주십시오. 산소포화도나 혈압 등의 모니터를 보는 것보다 환자의 손을 잡아드리고, 이제는 영원히 볼 수 없는 얼굴을 보시는 것이 현명합니다. 호스피스 병실 안에서 식사를 하시거나 언성을 높이는 일이 가끔 있습니다. 자료에 따르면 가장 늦게까지 남아 있는 감각이 청각입니다. 이제 곧 떠나시는 분 앞에서 좋은 말씀만 남기셨으면 합니다. 식사는 호스피스 병동 내의 가족실이나 식당을 이용하셔서서 음식 냄새와 함께 떠나는 일이 없었으면 합니다.

누구나 죽음은 한 번만 오는 첫 경험이자, 마지막 경험입니다. 마음과 몸이 힘드시더라도 저희 호스피스 병동 식구가 같이 위로하고 끝까지 함께하겠습니다. 마지막 순간까지도 환자를 위해 최선을 다할 수 있도록 협조 바랍니다.[73]

호스피스 봉사자가 됩시다

아마도 여러분 중에 암 호스피스 봉사를 하셨던지, 하고 계

---

73   김여환, 《죽기 전에 더 늦기 전에》, 214-215쪽.

신 분이 있을지 모르겠습니다. 저의 어머니는 암으로 병원을 전전하셨고 마지막에는 집에서 돌아가셨는데, 특별히 아버지께서 호스피스 봉사를 하셨던 기억이 납니다. 가끔 자녀들이 돌아가면서 호스피스 봉사를 했지만 대부분은 아버지께서 봉사했습니다.

저는 호스피스 병동에서 봉사하지는 않았지만, 아내의 암 치료를 위해 암 절제 수술, 약물 치료 8회, 방사선 치료 33회를 약 9개월에 걸쳐서 간호 봉사한 경험이 있습니다. 수술과 약물 및 방사선 치료를 할 때마다 아내는 죽었다가 다시 살아나는 것 같은 체험을 했습니다.

호스피스 봉사는 봉사로 끝나지 않습니다. 인간에 대해 다시 이해하게 되는 학습의 현장이고 삶에 대해 다시 배우는 진정한 인생 교실입니다.

호스피스 의사 김여환은 호스피스 봉사에 대해 다음과 같이 말합니다.

> 호스피스의 꽃은 의사가 아니라 봉사자다. 호스피스 봉사는 인간이 인간에게 할 수 있는 가장 고귀한 일이며, 자원봉사 중에서도 가장 고생스러운 일이다. 물 한 모금 떠 마실 기운조차 남아 있지 않은 환자의 입술을 봉사자는 단비 같은 물로 적셔 주고, 피고름이 줄줄 흘러나오는 몸을 정성껏 씻기고 닦아 준다.
>
> 하지만 봉사자가 아무리 따뜻하게 보살펴도 환자는 떠난다. 때로

는 고마웠다는 말 한마디 없이 다시 돌아오지 못할 곳으로 가 버리기도 한다. 허망하게 떠나는 환자를 그저 말없이 바라보아야 하는 일이 호스피스 봉사이다. 호스피스 봉사는 그 허망함과 싸우는 일이다.[74]

2016년 1월에 호스피스에 관한 법률이 국회를 통과하면서 호스피스와 완화의료에 대한 체계적이고 종합적인 지원을 위한 법률적인 기반은 마련된 것으로 보입니다. 지금까지는 암 환자에게만 호스피스, 완화의료를 제공했지만 이제는 일정한 범위의 말기 환자들에게까지 확대되었습니다.

호스피스 의사 김여환은 건강할 때 호스피스 병동에서 봉사하라고 권면합니다.

단 한 번이라도 시간을 내서 호스피스 봉사자가 되십시오. 죽어 가는 노인은 사라져 가는 도서관과도 같기 때문입니다. 임종자를 돕고 그들에게 귀를 기울이면 삶의 비밀을 속삭여 줄 것입니다. 죽음이 우리에게 진정한 삶이 무엇인지 가르쳐 줄 것입니다. 또한 마지막을 같이하는 호스피스 보호자를 만드십시오. 아는 사람이

---

74   앞의 책, 26쪽.

많다고 해서 마지막 가는 길이 외롭지 않은 것은 아닙니다. 헛된 만남보다는 단 한 사람이라도 진실한 만남이어야 죽음이 쓸쓸하지 않습니다. 그러기 위해서는 우리가 먼저 호스피스 보호자가 되어야 합니다. 우리가 떠날 때 손을 맞잡아 줄 사람은 우리가 이 세상에서 받을 수 있는 큰 선물입니다.[75]

2015년 7월 15일부터 호스피스 및 완화의료 기관에 입원하면 건강보험이 적용됩니다. 가정 호스피스가 시행되는 지역도 점진적으로 확대되고 있습니다. 현재 73곳이 호스피스 및 완화의료 기관으로 지정되어 운영되고 있습니다. 자세한 사항은 국립암센터에서 운영하는 호스피스 및 완화의료 사이트(http://hospice.cancer.go.kr)를 참고하시기 바랍니다.[76]

75   앞의 책, 242–245쪽의 내용 정리.
76   질병체험이야기 연구팀, 《호스피스로 삶을 마무리하는 사람들》, 41쪽.

적용하기

◈ 호스피스 교육 기관과 봉사 기관을 알아보고 적어 보세요. 그리고 호스피스 교육을 받고 봉사를 실천해 보세요.

◈ 만성질환자, 말기환자, 치매환자 등을 간호하는 친척, 성도, 이웃 등을 도울 방법을 생각해 보고 적어 보세요. 도움을 실천한 후에 느낀 점을 나누어 보세요.

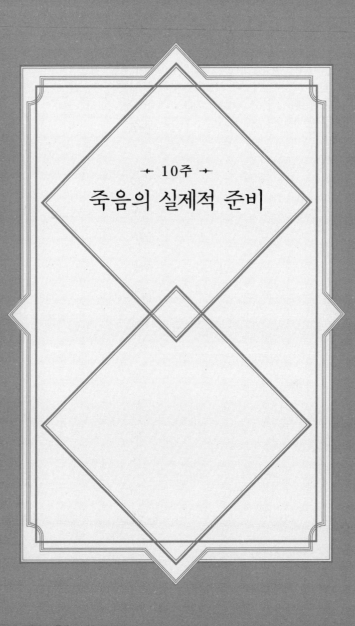

+ 10주 +

죽음의 실제적 준비

생각하기

◈ 가까이에 있는 화장장, 납골당(봉안당, 추모의 집), 산골공원(추모의 숲) 등
을 개인적으로 혹은 소그룹 활동으로 다녀오세요. 혼자 다녀왔다면 일기
형식으로 방문 기록을 남기고, 그룹으로 다녀왔다면 각자의 느낌과 부각
된 주제를 가지고 토론해 보세요.

우리 그리스도인들은 예수님을 믿기로 결정하면 일정한 교육을 받고 세례를 받습니다. 기독교의 '세례'는 우리에게 죽음을 실제적으로 준비하도록 교육합니다. 로마서 6장 3-5절(새번역)을 보면 알 수 있습니다.

세례를 받아 그리스도 예수와 하나가 된 우리는 모두 세례를 받을 때에 그와 함께 죽었다는 것을 여러분은 알지 못합니까? 그러므로 우리는 세례를 통하여 그의 죽으심과 연합함으로써 그와 함께 묻혔던 것입니다. 그것은, 그리스도께서 아버지의 영광으로 말미암아 죽은 사람들 가운데서 살아나신 것과 같이, 우리도 또한 새 생명 안에서 살아가기 위함입니다. 우리가 그의 죽으심과 같은 죽음을 죽어서 그와 연합하는 사람이 되었으면, 우리는 부활에 있어서도 또한 그와 연합하는 사람이 될 것입니다.

세례를 받는 순간 우리는 그리스도 예수의 죽음과 하나가 되어 죽음을 경험합니다. 예수님의 죽음에 참여한 것입니다. 엘리자베스 퀴블러 로스는 그의 책 《인생 수업》에서 "아직 죽지 않은 사람으로 살지 말라!"[77]고 이야기합니다.

77　Elisabeth Kübler-Ross and David Kessler, 《Life Lessons》, 류시화 역, 《인생 수업》(이레, 2006), 105쪽.

매일 죽음을 경험하는 삶

저는 매일 죽음을 경험합니다. 자신에 대하여는 죽은 사람으로 살고, 하나님께 대하여는 새 생명 안에서 산 사람으로 살기 위해 출애굽기에 나오는 성막을 떠올리며 새벽마다 기도합니다. 눈을 감고 마음속에 성막을 떠올리며 생각합니다.

동쪽으로 난 유일한 출입문을 지나며 기도합니다. 나의 유일한 구원자 예수 그리스도께 나아갑니다. "나는 양의 문이라" 하신 주님 앞으로 나옵니다. 영생의 꼴을 먹여 주십시오.

번제단을 지나며 기도합니다. 나의 죄악과 허물과 죄책감과 약함과 질병을 고치시고 사하시고 새롭게 하시니 감사드립니다. 루터가 말했듯이 신적 교환이 일어납니다.

물두멍을 지나며 기도합니다. 나의 옛 자아와 버리지 못하는 옛 습관과 끈적끈적한 자아를 내려놓습니다. 나의 옛 사람은 온전히 죽고 예수 그리스도만이 나를 다스려 주십시오. 영적인 세례를 베푸셔서 세상과 나는 간곳없고 구속한 주님 안에서 새 생명으로 살기를 소망합니다.

성막 안에 들어가 기도합니다. 주님의 말씀으로 양식을 삼습니다. 오늘도 내게 말씀해 주십시오. 성령께서 빛으로 비추어 주십시오. 나는 이미 죄 사함을 받고 의롭게 된 주님의 자녀입니다. 사탄을 제어하는 권세를 주셨으니 성령을 좇아 승리의 삶을 살게 하옵소서. 주님께만 찬송과 감사와 영광을 돌리는 기도의 향을 올립니다.

이제 마지막으로 은혜의 보좌가 있고 하나님이 현존하시는 지성소 안으로 들어가 기도합니다. 만나 항아리는 주님이 나의 공급자이심을 나타냅니다. 아론의 싹이 난 지팡이는 영적 권위를 인정하며 형제와 자매와 함께 연합하여 하나님 나라를 위해 사역할 것을 나타냅니다. 십계명 두 돌판은 하나님을 예배하고 사람을 존대할 것을 말씀합니다. 오늘 내가 이 사명을 이루며 살기를 다짐합니다. 하나님의 마음을 깨닫고 다짐하며 기도를 마칩니다.[78]

성막 기도의 핵심은 나는 죽고 예수께서 사시는 것입니다. 내 안에 그리스도 예수께서 온전히 살도록 위탁하는 것입니다. 그래서 사도 바울은 이렇게 말씀했습니다. "성도 여러분, 우리 주 예수 그리스도 안에서 내가 여러분에 대해 가지고 있는 자랑을 두고 확신 있게 말합니다만, 나는 날마다 죽습니다"(고전 15:31 참조).

---

78   박승호, 《하나님의 구원 경영》(한국장로교출판사, 2011), 95-118쪽.

죽음 준비는 이벤트가 아닙니다

요즘 일부 상조회사나 장례 관련 단체에서 여러 가지 이벤트를 하면서 죽음과 관련된 잘못된 인식을 심어 주거나 왜곡된 장례 문화를 형성하는 모습을 종종 봅니다.

어느 텔레비전 드라마에서는 부부관계의 일탈을 바로잡기 위해 바람피우는 사람을 입관 체험하게 하는 이야기가 방영되었습니다. 드라마뿐만 아니라 학교, 회사, 각종 단체에서 하는 입관 체험은 죽음교육이 아니라, 다른 목적을 위해 진행하는 경우가 대부분입니다. 죽음에 대한 철학, 종교, 문학, 의학 등의 고찰을 통한 가치관에서 우러나오는 진정한 죽음 준비교육이 아닌 두려움과 공포심, 터부를 부추기고, 특정한 영리를 목적으로 하는 이벤트는 지양되어야 합니다.

요즈음은 더 강렬한 체험을 한다며 화장장의 캄캄한 화장로에 누워 무시무시한 체험을 하게도 합니다. 입관 체험이든 화장로 체험이든, 관에 들어가기 전에 유언장을 써서 낭독하도록 합니다. 하지만 이러한 이벤트성 체험 행사는 결코 죽음교육에 도움이 될 수 없습니다. 죽음을 교육한다는 것은 '죽음'에 대한 올바른 이해를 바탕으로 언제 어디서 마주할지 모르는 '죽음'을 항상 기억하며 지금 여기(Here & Now)에서 의미 있는 인생을 사는 것을 의미합니다.

비전 유언장을 작성합시다

성경은 구약인 옛 언약(Old Testament)과 신약인 새 언약(New Testament)으로 나뉩니다. 언약(Testament)은 곧 '유언'을 말합니다. 주님이 제정하신 '새 언약'은 곧 '새 유언'이라는 뜻입니다. 언약은 피 없이 이루어질 수 없습니다(히 9:18). 구약은 짐승의 피로 이루어졌고 신약은 예수님의 피로 이루어졌습니다. 이 피 흘림은 죽음이 반드시 먼저 이루어져야 합니다. 그러므로 성경은 죽음 후에 유언으로 주어진 약속의 말씀들에 기반을 두고 있습니다.

성경에는 많은 사람의 유언이 기록되어 있습니다. 대표적으로 야곱의 유언(창 49장), 여호수아의 유언(수 23:2-16), 다윗의 유언(왕상 2:1-12), 바울의 유언(딤후 1:8, 4:1, 2, 5) 등이 있습니다.

죽음을 외면하고 터부시하는 현대인은 유언 상실의 시대에 살고 있습니다. 대부분의 사람들이 유언을 준비하지 못하고 죽습니다. 유언 상실이란 사실 꿈과 이상과 삶의 목표를 상실하였음을 의미합니다. 유언 작성은 단순히 죽음을 실제적으로 준비함을 훨씬 넘어서 삶의 이상과 꿈과 목표를 세우고 생명력을 불어넣는 것입니다. 일반적으로 사람들은 유언장에 대해 부정적인 선입견이 있습니다. 유언장은 부자들이 주로 쓴다고 생각하는 경향이 있고, 죽음을 연상케 하기 때문에 노인이 되어서나 작성해 보겠다고 생각합니다. 이러한 부정적인 인식을 바로잡을 수 있는 것이 바로 '비전 유언장'입니다.

비전 유언장은 죽음 준비가 곧 삶의 준비라는 신념으로 출발합니다. 비전 유언장은 일반적으로 유언장이 갖는 부정적 이미지를 벗어나 자신의 삶을 돌아보고 앞으로 새로운 삶을 살도록 준비하기 위한 계기를 마련해 줄 것입니다. 또한 비전 유언장은 일반적인 유언장의 큰 목적인 '재산분배' 대신에 돈이나 재산 외의 유산에 관한 정리와 전승을 목적으로 합니다. 그러므로 비전 유언장에서의 유산이란 포괄적인 의미를 갖고 있습니다. 추억의 유산, 관계의 유산, 가치관의 유산, 리더십의 유산, 노하우의 유산, 자선의 유산 등 많은 무형의 가치들을 포함합니다.

비전 유언장은 이렇게 작성합니다.[79] "나는 사랑하는 사람들에게 이런 사람으로 기억되고 싶습니다"라고 시작합니다. 그리고 아래와 같이 3가지 영역으로 나누어 생각을 적습니다.

첫째, 가치영역

유언장을 쓰는 사람에게 인생의 핵심가치를 묻는 영역입니다. 예를 들면 다음과 같은 질문에 답합니다.

---

79   박영선, 《내일 죽을 것처럼 오늘을 살아라》(위즈덤하우스, 2011), 291-292쪽.

- 나에게 성공이란 무엇인가?
- 목표로 하는 성공에 나는 얼마만큼 도달했는가?
- 상속에 대한 계획을 세울 때 가장 큰 기준은 무엇인가? 그리고 가장 마음에 걸리는 점은 무엇인가? (예: 자식 문제, 부부 관계, 부채, 종교, 아무것도 줄 게 없다는 마음 등)
- 평생 지켜 온 가치관 가운데 자녀에게 대물림하고 싶은 정신적인 유산은 무엇인가?
- 상속 문제를 의논하고 싶은 사람은 누구이며, 나에게 어떤 의미를 지닌 사람인가?
- 남은 인생 동안 새롭게 추구할 가치는 무엇인가?

둘째, 활동영역

사람에게 주어진 시간은 제한적입니다. 이러한 제한된 시간을 어떻게 사용하는지 점검하는 일은 매우 중요합니다. 현재 시간을 어떻게 쓰고, 누구와 주로 함께하는지 돌아보며 시간을 균형 있고 의미 있게 계획할 수 있습니다. 또한 잘못된 시간 사용에 대해서는 개선의 계기가 될 것입니다.

- 직장이나 일이 나의 유산을 이루는 데 어떤 역할을 하는가?
- 나의 생계를 유지하기 위한 일 외에 어떤 활동에 가장 많은 시간을 쓰는가? (예: 종교 생활, 산악회 등)

- 이런 활동을 하게 된 동기는 무엇이며, 이를 통해 무엇을 얻을 수 있는가?
- 부모와 함께했던 활동 중 가장 기억에 남는 활동은 무엇인가? 그것이 왜 의미가 있는가?
- 남은 인생에서 혼자의 힘으로 시도해 보고 싶은 활동에는 무엇이 있는가?
- 배우자, 자녀 등 자신에게 중요한 사람들과 함께 추억을 만들기 위해 하고 싶은 활동은 무엇인가? 그것이 왜 의미가 있는가?

셋째, 재산영역

돈을 비롯한 재산뿐만이 아니라 비물질적 자원인 인적 자원 및 기술 자원 등 시장에서 가치 있는 모든 자원을 다룹니다. 재산영역은 가치영역과 활동영역을 뒷받침하고 균형을 이루기 위해 반드시 필요합니다.

- 내게 현재 있는 물적 자원은 무엇인가?
- 내가 가진 비물질적 자원은 무엇인가? (예: 인적 자원, 학력, 기술, 특별한 재능 등)
- 내게 물질적 자산은 어떤 의미가 있으며 어떤 목적으로 추구해 왔나?

- 나의 물적 자원을 이루기 위해 무엇을 희생해야 했나?
- 물적 자원을 어떻게 소비할 때 가장 큰 의미를 갖는가? (예: 가족을 위한 선물 구입, 단체에 기부, 별장 구입 등)
- 남은 인생에서 물적 자원을 투입해 하고 싶은 일 또는 얻고 싶은 것은 무엇인가?

비전 유언장의 갱신

비전 유언장은 혼자서 쓸 수도 있고, 가까운 가족 혹은 친구들이나 소그룹에서 쓸 수도 있습니다. 작성된 비전 유언장은 개인적으로 자신의 삶을 되돌아보게 하고 미래의 삶을 적극적으로 개선해 나가도록 동기를 부여할 것입니다. 만일 다른 사람들과 공유하는 비전 유언장이라면 다른 사람의 삶에 대한 이해와 공동체에 대한 헌신으로 연결될 것입니다.

일반 유언장을 언제든 바꿀 수 있듯이 비전 유언장도 언제든지 갱신할 수 있습니다. 끊임없이 변하는 여건에 맞추어 정기적으로 비전 유언장을 갱신하면 현재 자신의 위치를 확인하며 수정하고 인생의 의미를 성찰하는 시간이 될 것입니다(**[부록 7]** '비전 유언장' 참고).

유언 및 유류분에 관한 법률[80]

유언의 방식

- 만 17세 이상이면 누구나 유언 가능하다.
- 자필증서, 녹음, 공정증서, 비밀증서, 구수증서만 법적 효력이 있다.

효력을 갖는 유언 내용

- ① 재단법인의 설립 ② 친생부인 ③ 인지 ④ 미성년을 위한 후견인의 지정 ⑤ 상속재산 분할방법의 지정 또는 위탁 ⑥ 상속재산 분할금지 ⑦ 유언집행자의 지정 또는 위탁 ⑧ 유증 ⑨ 신탁
- 도덕적인 유훈이나 유언은 효력이 없다.

자필증서에 의한 유언

- 유언자 본인이 직접 유언의 내용 전부와 작성 연월일, 주소, 성명을 쓰고 날인해야 한다.

---

80 삶과죽음을생각하는회 편,《제35기 죽음준비교육 지도자과정 기본교육》, 114-117쪽, 한국가정법률상담소 박소현 부장의 강의 내용 정리.

- 한번 써 놓은 자필증서를 정정할 경우 유언자가 도장을 찍어야 한다.
- 날인은 반드시 인장일 필요는 없고 무인을 찍어도 된다.
- 유언장이 여러 장일 경우 간인이나 편철을 하여 하나의 유언장임을 알 수 있게 해야 한다.
- 자필증서에 의한 유언증서 서식은 【부록 8】을 참고하라.

녹음에 의한 유언

- 유언자가 유언의 취지, 자기의 성명, 유언하는 연월일을 말하여 녹음해야 한다.
- 증인이 유언자의 녹음에 이어서 곧바로 유언자의 유언이 정확하다는 점과 증인의 성명을 직접 녹음해야 한다. 증인은 한 명이라도 되며 증인의 녹음이 빠지면 무효하다.
- 유언 녹음을 보관하고 있는 사람이나 발견한 사람은 유언자의 사망 후 바로 법원에 제출해 검인을 받아야 한다.
- 녹음은 오디오 녹음, 비디오 녹음 모두 유효하다.

공정증서에 의한 유언

- 유언자가 성년 증인 두 사람이 입회한 가운데 공증인(반드시 변호사여야 한다) 앞에서 유언의 내용을 말하면 공증인이 이를 받아쓴다.

- 유언장을 증인 앞에서 낭독하고, 유언자와 증인이 모두 그 필기한 것이 유언자가 말한 내용과 일치하는가를 확인한 뒤 각자 서명 또는 기명 날인한다.

비밀증서에 의한 유언

- 유언장 작성에 특별한 방식은 없다. 컴퓨터로 출력한 것도 유효하다. 유언자의 서명이나 기명 날인만 있으면 된다.
- 유언장을 봉하고 봉투 표면에 두 사람 이상 증인의 서명 또는 기명 날인과 제출 연월일을 기재한다.
- 제출된 날로부터 5일 이내에 공증인 또는 가정법원 서기에게 제출하여 그 봉인 위에 확정일자인을 받아야 한다.

구수증서에 의한 유언

- 급박한 사정에 의해 사용하는 방식이다. 급박한 사정은 질병, 부상, 전염병 때문에 교통이 차단된 경우, 조난한 선박에 탑승한 경우 등으로 한정된다.
- 성인 두 사람의 증인이 입회한 가운데 그중 한 사람이 유언을 필기 낭독하고 유언자와 다른 증인이 그 정확함을 승인한 후 각자 서명 또는 기명 날인한다.
- 급박한 사유가 종료한 날부터 7일 이내에 가정법원에서 검인을 받아야 법적 효력을 갖는다.

유언의 철회

- 유언은 유언자가 사망해야 효력이 발생하므로 본인이 살아 있는 한 언제라도 유언의 전부 혹은 일부를 철회할 수 있다.
- 내용이 다른 유언을 새로 하면 먼저 한 유언은 효력이 없어진다.

유언자의 사후에 유언장이 발견된 경우

- 유언의 증서나 녹음을 보관하거나 발견한 사람은 지체없이 상속개시지(유언자의 최후 주소지)를 관할하는 가정법원에 제출하여 검인을 청구한다. (유언증서검인신청서 서식은 【부록9】를 참고.)
- 공정증서, 구수증서에 의한 유언은 검인이 필요 없다.

유류분 제도

- 유언에 의한 자유처분 범위를 제한하여 일정 비율의 상속재산은 유족에게 돌아가도록 하는 제도이다.
- 유언자가 제3자에게 전 재산을 증여한다고 유언했더라도 직계비속과 배우자는 법정상속분의 2분의 1, 직계존속과 형제자매는 법정상속분의 3분의 1에 대하여 반환을 청구할 수 있다.
- 유류분의 반환청구는 유언자가 사망한 사실과 반환하여야

할 증여 또는 유증을 한 사실을 안 때로부터 1년 이내에 할
수 있다.

사전연명의료의향서를 작성합시다

왜 사전연명의료의향서가 필요할까요?

2018년부터 시행된 〈호스피스·완화의료 및 임종과정에 있
는 환자의 연명의료결정에 관한 법률〉 제2조 9호에 의하면 사전
연명의료의향서는 '19세 이상인 사람이 자신의 연명의료중단 등
결정 및 호스피스에 관한 의사를 직접 문서로 작성한 것을 말한
다'라고 쓰여 있습니다.

우리는 누구나 존엄함을 유지하며 가족에게 편안하게 둘러
싸여 마지막 작별 인사를 나누고 떠나고 싶어 합니다. 또한 남은
가족에게 부담을 적게 주며 이별하기를 원합니다. 하지만 현실적
으로 이러한 이별을 맞이하지 못하는 사람들이 의외로 많습니다.
그 이유는 미리 죽음을 준비해 놓지 않았기 때문입니다. 본인의
의사(意思)가 불분명한 경우에 병원 의료진은 현존하는 의학기술
을 동원하여 생명을 연장해야 한다는 윤리적 압박으로 인위적인
생명 연장을 도모하게 됩니다. 환자가 임종 단계에 있음에도 환
자 자신은 원치 않을 수도 있는 인위적인 생명 연장 장치에 의존

하여 가족도 힘들고 환자도 어렵게 생명을 마감할 수 있습니다.

2016년 국회는 〈호스피스·완화의료 및 임종과정에 있는 환자의 연명의료결정에 관한 법률〉을 의결했습니다. 이 법률로 인하여 1997년 서울 보라매병원 사건과 이에 대한 법원의 판결로 촉발된 연명의료에 관한 논의가 종결되었습니다. 이제는 무의미한 연명치료로 인한 환자의 고통을 줄이고, 환자의 자기결정권을 존중하여 존엄한 죽음을 맞이할 수 있게 되었습니다. 사전연명의료의향서는 19세 이상의 성인에게 이러한 자기 결정권을 보장해 주는 하나의 법적인 수단이 될 것입니다.

사전연명의료의향서, 이렇게 작성하십시오[81]

다음과 같이 사전연명의료의향서를 작성해 보십시오. 각당복지재단의 홈페이지(http://www.kadec.or.kr/)에서 사전연명의료의향서를 다운받아 사용할 수 있습니다.

---

81 각당복지재단의 홈페이지를 참고했으며, 이 재단에서는 사전연명의료의향서 작성을 돕기 위해 상담실을 상설로 운영하고 있다.

기본 사항

- 작성자는 반드시 가족과 함께 상의한 후에 작성해야 합니다.
- 작성자는 19세 이상이면 가능하고 반드시 자필로 작성해야
  합니다.
- 작성자는 반드시 의식이 명료한 상태에서 작성해야 합니다.

적용 시기

회생 가능성이 없고, 의학적 치료를 했지만 회복되지 않으
며, 급속도로 증상이 악화되어 사망에 임박한 상태임을 담당의
사와 해당 분야 전문의 1인이 판단한 경우에만 적용합니다. 그
러므로 말기환자, 식물인간 상태는 해당되지 않습니다.

무의미한 연명치료 거절

치료효과 없이 임종 기간을 연장하는 심폐소생술, 혈액투
석, 항암제 투여, 인공호흡기 착용 등을 거절하는 것입니다. 통증
완화를 위한 의료행위와 영양분 공급, 물 공급, 산소의 단순공급
은 연명의료에 해당되지 않으므로 임종 시까지 공급을 받습니다.

대리인 지정

본인이 연명의료에 대한 결정을 직접 내릴 수 없을 때에 아
래에 기록된 사람이 치료에 대한 최종적인 권한을 행사하도록

위임합니다. 만약 불가피한 사정으로 1순위 대리인이 결정을 내릴 수 없다면, 아래 2순위 대리인이 본인의 권한을 위임받도록 지정합니다.

- 1순위 대리인은 환자를 잘 아는 배우자, 자녀, 부모 등이 가능합니다.
- 2순위 대리인은 본인의 가치관과 인생관을 잘 알고 있는 가족이나 친지 중 19세 이상의 성인이면 누구나 가능합니다.

작성자 및 증인 서명
- 작성자와 증인은 본인의 성명, 주민등록번호, 주소, 전화번호를 자필로 쓰고 서명합니다. (도장, 지장, 사인 가능)
- 증인은 작성자와 이해 갈등이 없는 19세 이상의 성인으로 대리인을 제외한 모든 사람이 가능합니다.
- 증인은 사전연명의료의향서의 작성 과정에 어떠한 압력이나 영향력을 행사해서는 안 됩니다.

보관 방법
- 사전연명의료의향서 원본은 본인이 보관합니다.
- 사본은 지정된 가까운 가족(지정 대리인)에게 맡깁니다.
- 작성 확인증은 성명, 생년월일, 작성일자, 보관자 또는 보

관 장소, 대리인 전화번호 등을 기입한 뒤, 작성자가 항상 소지하십시오.

그 외 남기고 싶은 정보

- 사전연명의료의향서에 기록할 본인의 특별한 의견이 있으면 자유롭게 적어 주십시오.
- 사전연명의료의향서 외에 유언서, 장기기증서약서, 시신기증서약서나 호스피스, 장례에 관한 본인의 의견 등을 적을 수도 있습니다.

나의 장례식을 디자인합시다

장례식에 온 가족, 친지, 친구, 성도들에게 동영상으로 인사를 한다면 어떻게 하겠습니까? 저는 선교사이기 때문에 저의 장례식에서 누가 설교하면 좋을까를 생각해 본 적이 있습니다.

우리 주변에는 자기의 장례식을 미리 디자인해 보고 준비하는 사람들이 가끔 있습니다. 지혜로운 성도는 자기 장례식을 디자인하는 사람입니다. 이것은 물론 가족과 교회에도 유익이 될 뿐만 아니라, 자기 자신에게도 유익합니다. 왜냐하면 죽음의 순간까지 어떻게 살 것인지를 깊이 생각하게 하고 주님과 이웃을 위해 선한 영향력을 끼치는 사람으로 살도록 동기 부여를 하기 때문입니다.

《모리와 함께한 화요일》[82]의 모리 교수는 대학의 동료가 심장마비로 갑자기 죽음을 맞이하자 장례식에 참석하고는 낙심해서 집으로 돌아왔습니다. 그리고 혼자 이렇게 생각합니다. '이런 부질없는 일이 어디 있담. 거기 모인 사람들 모두 멋진 말을 해 주는데 정작 주인공은 아무 말도 듣지 못하니 말이야…….' 그러면서 아주 재미있는 아이디어를 생각했습니다.

루게릭이라는 치명적인 병으로 죽어 가는 모리 교수는 어느 추운 일요일 오후 가까운 친구들과 가족들을 모아 놓고 '살아 있는 장례식'을 치르기로 했습니다. 모리 교수가 죽었다고 전제하고 모여서 죽은 모리 교수에게 각자 멋진 말을 했고, 경의를 표했습니다. 그리고 모리 교수는 사랑하는 사람들에게 미처 말하지 못했던 가슴 벅찬 이야기를 그날 전부 할 수 있었습니다. 살아 있는 장례식을 여는 것은 거창한 '의식'을 거행한다기보다는 살아 있는 지금 이 순간 여기에서, 즉 우리의 일상적인 삶 속에서 마지막에 이르렀다면 할 것들을 하자는 것입니다.

---

82   Mitch Albom, 《Tuesdays with Morrie》, 공경희 역, 《모리와 함께한 화요일》(세종서적, 1998), 22–23쪽 요약.

디지털 시대를 살아가는 현대인들이 새롭게 자기의 장례를 준비하고 부고를 준비하는 모습을 보게 됩니다.

2007년 1월 18일 뉴욕타임스 인터넷에 소개된 유머 칼럼니스트 '아트 부크월드'(Art Buchwald)의 동영상 부고 기사가 떠올랐다. 아트 부크월드는 1월 17일 81세의 나이로 세상을 떠났는데, 미리 제작된 비디오에 출연해 자신의 사망 소식을 알린 것이다. 마지막 죽음의 순간까지도 유머를 잃지 않았기에 이 소식은 여기저기에 전해지며 많은 사람들에게 감동을 주었다. 집에 와 뉴욕타임스 홈페이지에 들어가 〈The Last Word: Art Buchwald〉라는 제목의 비디오를 다시 본다. 그의 '마지막 말'이다.

"Hi, I'm Art Buchwald. I just Died."

"안녕하세요. 아트 부크월드입니다. 제가 조금 전에 사망했습니다."[83]

내가 꿈꾸는 장례식을 만드는 것은 가치 있는 일이 될 것입니다. 나의 장례식을 디자인하기 위해 【부록 10】 '나의 장례식 디자인'을 참고하십시오.

---

83   유경, 《유경의 죽음준비학교》, 258−259쪽.

인체조직기증, 장기기증, 시신기증에 대하여

인체조직기증에 관하여

인체조직기증은 화상, 골절, 뼈암, 혈관폐쇄, 시각질환 등 선천성 또는 후천성 신체적 장애로 고통받는 이웃들을 위해 사후에 뼈, 연골, 인대, 피부, 양막, 심장판막, 혈관 등의 조직을 기증하는 숭고한 생명 나눔입니다. 한 사람의 인체조직기증으로 평생 장애와 고통을 안고 살아갈 100명이 넘는 많은 분들이 생명을 연장할 수 있을 뿐 아니라 장애 없이 보다 행복한 삶을 이어 갈 수 있게 됩니다.[84]

인체조직기증은 14세부터 80세까지 누구나 가능합니다. 단, 기증자의 건강 상태와 의료인의 판단에 따라 기증 가능 연령은 조정될 수 있습니다. 인체조직기증 희망자 신청은 다음의 몇 가지 방법으로 가능합니다.

- 직접 방문: '인체조직기증 희망자 등록 신청서'는 질병관리본부 장기이식센터 사무실(서관 2층)에 비치되어 있으며 직접 방문하여 작성할 수 있습니다.

---

84   인체조직기증원에 관한 홈페이지(http://www.konos.go.kr/)의 설명.

- 온라인 등록: 온라인으로 기증희망 등록이 가능하며 질병 관리본부 장기이식관리센터(KONOS, www.konos.go.kr)에 접속하여 기증희망 등록 절차에 따라 등록합니다.
- 우편 등록: 장기이식센터 조직은행(02-3010-4619) 또는 질병 관리본부 장기이식관리센터(02-2628-3602)로 문의하여 주소를 알려 주면 희망 등록 신청서를 발송해 줍니다.
- FAX 등록: 질병관리본부 장기이식관리센터에 접속하여 '인체조직기증 희망자 등록 신청서'를 다운받은 후 출력하여 작성하고 질병관리본부 장기이식관리센터 팩스(02-2628-3629)로 보냅니다.

※ 기증희망 의사를 철회하고자 하면 언제든지 취소가 가능합니다.

장기기증에 대하여

장기기증은 건강한 삶을 살다가 이 세상을 떠날 때 나에게는 더 이상 필요 없는 장기(신장, 간장, 췌장, 심장, 폐, 소장, 췌도)를 꺼져 가는 생명을 위해 대가 없이 주는 일입니다. 또한 생존 시에 사랑하는 가족이 아프거나 장기이식을 받으면 살 수 있는 말기 장기부전환우에게 건강한 자신의 장기 중 일부를 기증하여 사랑을 실천하는 생명 나눔 운동입니다. 장기기증은 기증 희망자가 살아 있을 때, 뇌사상태일 때, 그리고 사후에 기증할지에 따라서

기증할 수 있는 장기의 종류와 절차가 다릅니다.[85]

장기기증은 질병관리본부 장기이식관리센터 또는 장기이식등록기관을 통해 기증 안내를 받을 수 있습니다. 뇌사 또는 사후 장기기증 희망등록을 하게 되면 등록증이 발급되고, 실제 기증 시점이 오면 가족의 동의가 있어야 기증이 이루어지기 때문에 기증희망 사실을 가족에게 알려 주어야 합니다.

- 직접 방문: '장기 및 인체조직기증 희망자 등록 신청서'는 질병관리본부 장기이식센터 사무실(서관 2층)에 비치되어 있으며 직접 방문하여 작성할 수 있습니다.
- 온라인 등록: 온라인으로 기증희망 등록이 가능하며 질병관리본부 장기이식관리센터에 접속하여 기증희망 등록 절차에 따라 등록합니다.
- 우편 등록: 장기이식센터 조직은행(02-3010-4619) 또는 질병관리본부 장기이식관리센터(02-2628-3602)로 문의하여 주소를 알려 주면 희망 등록 신청서를 발송해 줍니다.
- FAX 등록: 질병관리본부 장기이식관리센터에 접속하여

85　새생명장기기증운동본부의 홈페이지에서 장기기증에 관한 정보 요약(http://www.lovejanggi.or.kr/).

'장기 및 인체조직기증 희망자 등록 신청서'를 다운받은 후 출력하여 작성하고 질병관리본부 장기이식관리센터 팩스 (02-2628-3629)로 보냅니다.

미국의 시인이며, 장기기증 운동의 선구자인 로버트 테스트(Robert N. Test)는 이렇게 고백했습니다.

언젠가 나의 몸이 들것에 실려
삶과 죽음이 교차되고 있는 병원 응급실에
도착될 때가 있을 것입니다.
나의 주치의가 마침내 나의 뇌는 기능이 정지했고
나의 생명은 끝났다고 선언할 것입니다.
그때 나를 인공적인 방법으로 생명을 연장시키려고 하지 말고
부디 나의 침상이 죽은 사람의 것이 되지 말고
다른 사람의 생명을 구하는 풍성한 생명의 침상이
되게 해주십시오.
한평생 한 번도 동트는 아침을 보지 못하고
천진난만한 어린이의 미소를 보지 못하고
사랑하는 이의 빛나는 눈동자를 보지 못한 사람에게
나의 눈을 주십시오.
나의 피는 갑작스런 교통사고로 사경을 헤매는 젊은이에게 주어

그가 먼 훗날 손자들의 재롱을 볼 수 있게 해주시고

매주 혈액정화기에 의존하지 않고는 살 수 없는 이에게

나의 신장을 주십시오.

나의 뼈와 근육과 신경은

다리가 불편한 아이를 걷게 할 수 있는 데 써 주십시오.

그리고 필요하다면 나의 뇌의 전체세포를 주어

한평생 한 번도 말해 보지 못한 소년이

함성을 지를 수 있게 해주고

아무 소리도 듣지 못하던 소녀가

창가에 떨어지는 빗방울 소리를

들을 수 있게 해주십시오.

그리고 남은 것은 모두 불태워 재가 되게 하여

들꽃이 무성하게 자라도록 바람에 날려 보내 주십시오.

만일 당신이 꼭 매장할 것이 있어야 한다면

나의 실수와 연약함 그리고 동료들에게 가졌던

편견들을 묻어 주십시오.

나의 죄는 악마에게 보내고 나의 영혼은

하나님께 돌려보내 주십시오.

혹시 나를 기억하고 싶으시면

내가 했던 친절한 말과 행동만을

생각해 주십시오.

이상의 모든 것들을 지켜 주신다면

나는 영원히 살 것입니다.[86]

시신기증에 대하여

우리나라는 의학교육과 연구를 위한 시신 확보에 많은 어
려움을 겪고 있다고 합니다. 그렇지만 최근에는 장기기증과 시
신기증에 대한 긍정적인 인식이 확대되고 있습니다. 예를 들어,
가나안 농군학교 교장이었던 고 김용기 장로도 의과대학병원에
시신기증을 하였습니다.

의과대학의 해부학 교실에서는 온전한 시신이 필요하다고
합니다. 해부학 실습을 위해서는 시신들을 보통 1년 정도 보관
하게 되는데 사고나 외상을 입은 시신은 보관과 방부 처리에 어
려움이 있기 때문입니다.

시신기증을 위해서는 자신이 치료받았던 병원이나 의사와
연관된 의료기관에서 시신기증에 필요한 절차를 밟으면 됩니다.
대개의 경우, 의과대학 행정실에 연락하거나 직접 방문하면 친
절하게 안내할 것입니다.

86　사회복지법인 각당복지재단 세미나, "당하는 죽음에서 맞이하는 죽음으로", 신촌세
　　브란스병원 본관 6층 은명대강당에서 2010년 12월 15일 발표한 김기복의 '죽음에 대
　　한 기독교적 이해' 중에서.

적용하기

◈ **【부록 7】**의 '비전 유언장'을 참고하여 자신의 비전 유언장을 작성해 보세요. 개인적으로, 가족이 함께 혹은 소그룹으로 활동할 수 있습니다. 작성한 후에는 가족, 지인, 친구, 소그룹 앞에서 낭독하는 시간을 가져 보세요.

◈ 각당복지재단 홈페이지(http://www.kadec.or.kr/)에서 사전연명의료의향서를 다운받아 작성해 보세요. 소그룹에서는 서로 읽어 보고 의견을 나누어 보세요.

◈ **【부록 10】**의 '나의 장례식 디자인'을 참고하여 자신의 장례식을 디자인해 보세요.

◈ 인체조직기증희망자 등록 신청서, 장기기증희망자 등록 신청서, 시신기증 신성 등을 본인의 형편에 맞게 작성한 후 소감을 발표해 보세요.

◈ 에필로그

지금까지 우리는 죽음의 일반적 정의에서 시작하여 기독교적 관점에서의 죽음 및 그 이후의 삶, 남겨진 자들의 죽음 수용, 죽음과 관련한 새로운 가능성에서 죽음의 실제적 준비에 이르기까지 10주에 걸친 워크숍을 진행하였습니다. 이러한 《죽음 교양 수업》의 목적은 보다 건강하고 성숙한 삶, 하나님과 세상 앞에서 보다 의미 있고 보람 있는 삶을 살고자 하는 것입니다.

인생의 방황과 신앙의 구원을 경험한 성 어거스틴(St. Augustine)은 "인간이 진정한 자기를 알게 되는 것은 오직 죽음과 대면할 때뿐"이라고 역설했습니다. 삶을 생각할 때 막연한 것이 죽음 앞에 설 때 명료해지는 것이 인간 삶의 역설(paradox)일 것입니다. 실제 많은 사람들이 죽음에 직면할 때 삶의 의지가 강하게 살아남을 경험합니다. 그렇다면 《죽음 교양 수업》은 인생의 마지막 때가 아니라 인생 시작과 함께 그리고 인생 한복판에서 이루어져야 합니다.

불확실성의 시대 속에서 너무나 분명한 것은 이 책의 저자와 독자를 포함하여 모든 사람이 죽는다는 사실입니다. 이렇게 분명하고 확실한 실재(reality) 앞에서 '죽음'을 가르치거나 교육하지 않는다면 그것은 일종의 교육적 유기요 방기나 다를 바 없습니다. 그럼에도 불구하고 많은 사람들이 '죽음'에 대해 언급하기를 주저합니다. 그 이유는 죽음을 자연스러운 생의 과정으로 받아들이기보다는 존재의 마지막이자 관계의 단절을 야기하는 두렵고 고통스러운 과정으로 잘못 인식하기 때문입니다. 하지만 죽음을 모르는 사람은 삶을 모르는 것입니다. 삶과 죽음, 죽음과 삶은 동전의 앞뒤면, 새의 두 날개와 같기 때문입니다. 죽음에 대한 인식은 유한한 인간이 자기 존재를 긍정하고 타인과 세계를 이해하고 수용하기 위한 전제가 됩니다.

　　미국은 1960년 미네소타대학교의 "죽음 준비과정"이라는 과목을 시작으로 현재 많은 대학 및 연구기관에서 1000여 개가 넘는 교육과정을 실시하고 있습니다. 독일은 1980년대부터 "죽음 준비교육"을 여러 기관과 단체에서 가르치고 있습니다. 독일의 철학자 알폰스 디켄이 미국 포드함대학교 박사학위 취득 후에 일본에 귀화하면서 "생과 사를 생각하는 모임" 및 많은 대학교의 '생사학과' 설립에 크게 기여했습니다. 이에 비해 우리나라는 아직도 '죽음학'에 대한 연구나 '죽음 준비교육'에 필요한 교재와 커리큘럼이 많이 부족한 실정입니다. 이러한 상황 속에서 본서는 기독교교육적 관점에서 죽음에 대한 실증적 연구를 기반으로 '죽음학' 및 '죽음 준비교육'을 위한 책으로 발간하게 된 것입니다.

　　이 책은 기본적으로 기독교인들을 위한 것입니다. 하지만 삶과 죽음 앞에서의 인간 삶의 의미, 자기 자신의 정체성, 죽음에 대한 참된 이해, 죽음을 넘어선 영원한 생명에 대해 관심 있는 모든 분들을 위한 것이기도 합니다. 인간 모두는 영원한 하나님 형상을 따라 지음받은 고귀한 존재입니다. 하나님은 한 영혼을 천하보다 귀중히 여기시고 상한 갈대도 꺾지 않으시고 꺼져 가는 심지도 끄지 아니하시는 분입니다. 이처럼 소중한 생명이 세상에 왔다가 아무 의미도 뜻도 없이 세상에서 사라져 버리는 것은 결코 아닙니다. 자신, 가족, 이웃 그리고 소중히 여기는 사람의 삶과 죽음에 대해 진지한 성찰을 원하는 분들께 이 책을 권합니다.

자신의 생사관 정립은 물론이고 가정, 교회, 학교 그리고 구역 및 동호회 모임, 동아리 및 스터디 모임 등에서 '삶과 죽음'에 대해 함께 대화하고 연구하는 데 이 책을 활용할 수 있습니다. 모쪼록 이 《죽음 교양 수업》이 성숙하고 행복한 죽음을 위한 길잡이, 의미 있고 풍요로운 삶을 위해 등대로 쓰임받을 수 있기를 바랍니다. 그리스도 안에서의 '의미 있는 삶, 행복한 죽음'을 향한 여러분의 힘찬 발걸음을 비추는 작은 등불이 되길 소망하며 맺는말에 갈음합니다.

생과 사가 교차되는 21세기 두 번째 십 년 초엽에
남충현·이규민

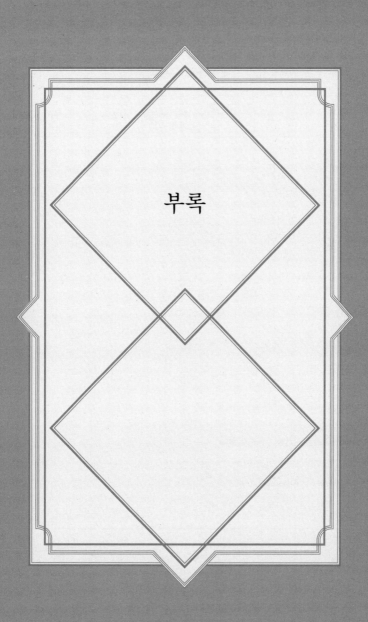

부록

[부록 1] '죽음에 대한 두려움' 체크 리스트

다음은 죽음에 대한 두려움(불안)을 진단하는 12가지 질문입니다. 해당되는 칸에 ✔표를 하며 자가 진단을 해보세요.[87]

질문 사항	매우 그렇다	그렇다	보통 이다	아니다	매우 아니다
죽음이 두렵다.	□	□	□	□	□
죽음 이야기만 들어도 곧 닥칠 일이라고 생각하여 두렵고 무섭다.	□	□	□	□	□
죽음에 대한 아픈 기억이 있다.	□	□	□	□	□
갑작스러운 사고로 죽을까 염려된다.	□	□	□	□	□
질병이나 불치병(암) 등으로 죽을까 걱정이 된다.	□	□	□	□	□
죽은 사람을 만지거나 보는 것이 아무렇지 않다.	□	□	□	□	□
죽음에 대한 교육이 두려움을 해소하는 데 도움이 된다.	□	□	□	□	□
누군가가 죽음에 대해서 이야기하면 왠지 우울해지고 두려움이 생긴다.	□	□	□	□	□
유언장을 쓰는 등 미리 죽음을 준비하고 있다.	□	□	□	□	□
임종(죽음)을 맞이하는 사람을 본 적이 있다.	□	□	□	□	□
만일 말기 암 판정을 받아 치유가 불가능할 경우 호스피스를 이용할 의향이 있다.	□	□	□	□	□
나는 나의 죽음(나의 장례식, 죽음 준비)에 대해 이야기할 수 있다.	□	□	□	□	□

[부록 2] '죽음에 대한 이해' 체크 리스트

다음은 죽음에 대한 이해도를 알아 보기 위한 질문입니다. 해당되는 칸에 ✔표를 하며 자가 진단을 해보세요.[88]

질문 사항	매우 그렇다	그렇다	보통 이다	아니다	매우 아니다
죽음은 삶을 마무리하는 중요한 과정이기에 죽음 준비를 해야 한다고 생각한다.	□	□	□	□	□
죽음 이후에 영생 또는 내세가 있다고 생각한다.	□	□	□	□	□
한 번 죽는 것은 사람에게 정해진 것이고, 심판이 있다고 생각한다.	□	□	□	□	□
죽음은 두려운 것이기에 피할 수 있다면 피하고 싶다.	□	□	□	□	□
나는 나의 죽음에 대해 자주 사색한다.	□	□	□	□	□
나는 함께 살아가는 가족의 죽음에 대해 준비하고 있다.	□	□	□	□	□
죽음 준비는 육신의 죽음과 영혼의 문제까지 2가지를 준비하는 것이다.	□	□	□	□	□
인간으로서 품위와 존엄성을 지키고 죽음을 맞이해야 한다고 생각한다.	□	□	□	□	□
죽음은 하나님의 축복의 선물이다. 왜냐하면 세상의 힘든 삶을 끝내고 죽은 후에는 영원한 하나님의 나라가 있기 때문이다.	□	□	□	□	□

---

87   김영효, 〈통전적 신앙을 위한 죽음준비교육연구〉(장로회신학대학교 목회전문대학원, 2015), 147쪽.

88   앞의 논문, 145쪽.

나의 사망기

01. _____은(는) 어제 _____세를 일기로 세상을 떠났다.

02. 그의 사망 원인은 _____이었다.

03. 그의 남은 가족은 _____이며, 그는 _____의 구성원이었다.

04. 그는 사망한 그때에 _____을 하고 있었다.

05. 그를 _____하는 사람들은 그를 _____한(했던) 사람이라고 기억할
    것이다.

06. 그의 죽음을 가장 슬퍼할 사람은 _____일 것이다.

07. 그가 세상에 남긴 업적은 _____이다.

08. 그의 시신은 _____처리될 것이며, 장례식은 그의 유언에 따라
    _____으로 진행될 것이다.

---

89 삶과죽음을생각하는회 편, 《제35기 죽음준비교육 지도자과정 기본교육》, 25쪽.

[부록 4] 나의 인생 그래프[90)]

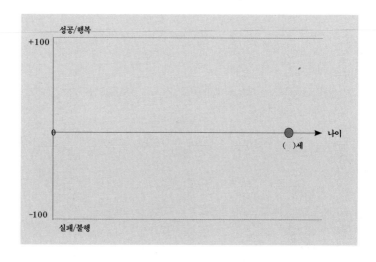

90   유경, 《유경의 죽음준비학교》, 137쪽.

Reynolds의 자살 생각 척도(Suicidal Ideation Questionnaire: SIQ-Reynolds)

채점 방법

각 문항 점수들을 합산하여 총점을 구함.

0점: 전혀 생각한 적 없다

1점: 전에 그런 생각을 한 적이 있지만, 지난달에는 한 적이 없다

2점: 한 달에 1번

3점: 한 달에 2-3번

4점: 일주일에 1번

5점: 일주일에 2-3번

6점: 거의 매일

기준

62-76점: 또래집단에 비해 자살에 관한 생각을 많이 함(평균 한 달에 1번
이상).

77-90점: 또래집단에 비해 자살에 관한 생각을 상당히 많이 함(평균 한 달에
2-3번).

91점 이상: 또래집단에 비해 자살에 관한 생각을 매우 많이 함(평균 한 달에
3번 이상).

출처

원판: Reynolds, W. M. (1987). "Sucidal Ideation Questionnaire:
Professional Manual". Psychological Assessment Resource, Inc.
한국판: 신민섭(1993). "자살기제에 대한 실증적인 연구:
자기도피 척도의 타당화". 연세대학교 박사학위 논문.

[부록 7] 비전 유언장

성명:　　　　(인)

주민등록번호:　　　　　－

주소:　　　시　　　구　　　길　(우편번호)

작성일:　　년　　　월　　　일

　　나는 사랑하는 사람들에게 이런 사람으로 기억되고 싶습니다.

　　나는 주위 사람들에게 때로는 바보로 취급되는 선택을 하며 살았습니다. 때론 아버지가, 친척과 친구들이 내가 열심히 공부해서 신학대학교에 간 것을 이해하지 못하고 나무랐습니다. 누군가는 부목사인 내게 월급을 얼마나 받느냐고 따지듯이 힐난하기도 했습니다. 담임목사로 나가지 않고 선교사로 나가는 것을 이상하게 바라보았습니다. 이런 태도가 이해가 되기는 했지만 유언장에 이렇게 언급하는 것을 보면 내 마음에 많은 짐이 되었던 것 같습니다.

　　나는 초등학생 때부터 남을 도와주기를 좋아했습니다. 청소년 시절에도 눈물이 많았습니다. 성인이 되어 누가 구두가 없다고 하면 내 새 구두를 벗어 주기도 해서 가난한 살림을 꾸려 가는 아내에게 핀잔을 듣기도 했습니다.

나는 나이 50이 넘어서 성경적이면서도 역사적으로 본받을 만한 삶을 산 사람들의 가치관에 관심을 갖기 시작했고, 나의 핵심 가치를 이렇게 8가지로 정리했습니다.

자유

나는 진리이신 예수 그리스도 안에서 자유하며 동시에 진리에 대하여 책임적 존재이다. 나는 죄, 사망, 질병, 사탄으로부터 자유하는 권세를 가졌다. 나는 타인의 자유의지를 존중한다. 나는 타인의 유익을 위하여 나의 자유를 절제한다.

자긍심

나는 만왕의 왕이신 하나님의 아들이다. 나는 하나님의 형상을 닮은 유일하고도 독립적인 피조물이다. 나의 혈연, 지연, 학연에 긍지를 가지며 타인의 것도 존중한다. 나는 왕 같은 제사장으로서 하나님의 자녀로서 권세와 통치권을 위임받았다.

성숙한 사랑

나는 먼저 용기 있게 사랑을 표현한다. 나는 폭넓은 마음을 가졌다. 나는 용서하는 사람이다. 나는 함께하는 시간을 소중히 여긴다. 나는 스킨십, 칭찬, 신물로 사랑을 표현한다. 나는 사랑하고 사랑받을 존재이다.

가정의 안정

나는 아내를 아끼고 사랑한다. 나는 자녀를 신뢰하고 지지한다. 나는 가정을 축복한다. 나는 가정 경제를 책임진다. 나는 일가친척의 구원과 화목을 위해 힘쓴다.

참된 우정

나는 솔직하고 정직한 사람이다. 나는 상대의 의견을 소중히 여긴다. 내가 동의하는 상대의 의견에 순종한다. 나는 상대를 알고, 깊은 관계를 맺고, 친밀해지기를 소망한다. 나는 친구를 위하여 희생한다.

지혜

내 삶의 모든 시간에서 하나님을 의도적으로 의식한다. 나는 성경을 부지런히 연구한다. 나는 학문 연구와 공부를 통해 만물의 이치를 이해한다. 나는 외국어, 음악, 미술, 운동을 통하여 하나님의 영광을 드러낸다. 나는 능력 있는 사람이 되어 시간을 선용함으로 사명을 완수한다.

평등

나는 인종, 성, 외모, 학연, 지연, 선입관 등으로 차별하지 않는다. 나는 교만하지 않으며 열등의식에도 빠지지 않는다. 나는 하나님의 공평하심을 확신한다. 나는 인간 생명을 존중하고 소중히 여긴다. 나는 균형 잡힌 세계관, 가치관, 인생관, 목회관을 가진다.

섬기려고 노력한 것을 감사드릴 뿐입니다. 하지만 나의 허물과 잘못으로 인해 여러 사람에게 누를 끼친 것이 있다면 용서하시고 주님의 사랑으로 용납하여 주시기를 바랍니다. 늘 성령 충만하여 질서 있고, 규모 있고, 덕스럽게, 은혜롭게 일하고자 했으나 부족했음을 고백합니다. 용서해 주십시오.

흔들리지 않는 신앙인으로 평생을 사는 것이 중요하다고 생각합니다. 우리 모두는 유한한 삶을 살고 있습니다. 죽음을 준비하고 의미 있고 축복된 삶을 살기 위하여 세월을 아끼고 주님 부탁하신 일에 항상 힘쓰는 형제자매 되시기를 바랍니다. 여러분의 나머지 인생에서는 첫째, 세상의 유혹과 마음의 욕심을 떨쳐 버리십시오(Filtering). 둘째, 예수 그리스도께 초점을 맞추십시오(Focusing). 셋째, 주님의 말씀과 성품을 생각하며 주님으로 마음을 가득 채우십시오(Facing).

할렐루야! 사랑하는 형제와 자매 여러분,

곧 주 안에서 다시 만납시다.

[부록 8] 자필증서에 의한 유언증서 서식

유언자:　　　　　　　(　　　　년　　　월　　　일생)

등록기준지:　　　　시　　　　구　　　　길

주소:　　　　시　　　　구　　　　길 (우편번호　　　　)

전화:　　　　　－

유언사항:

1. 나는 다음과 같이 유언한다.

(1) 재산의 사인증여(민법 제562조 계약임, 등기원인은 "증여"가 된다) 또는

　　유증(민법 제1073조 단독행위임. 등기원인은 "유증"이 된다)에 관하여,

　　_____시 _____동 _____번 대지 _____㎡는 이를 상속인 중

　　장남(주소: _____ 생년월일: _____)에게 증여하고,

　　_____시　_____동　_____번 대지　_____㎡와 동 지상 철근

　　콘크리트조 슬라브지붕 1층 주택 건평 _____㎡는

　　차남 _____(주소: _____ 생년월일: _____)에게 증여하고,

　　이 사인증여(또는 유증)는 나의 사망으로 인하여 효력이 발생한다.

(2) 유언집행자의 지정에 관하여

　　위 사인 증여계약(또는 유증)의 이행을 위하여 유언집행자로 _____

　　(주소: _____ 주민등록번호: _____)를 지정한다.

　　　　　　　작성일자: 시기　　　　년　　　　월　　　　일

　　　　　　　유언자: 성명　　　　　　　　　　　　　(인)

유언증서검인신청서

청구인:　　　（　　　년　　　월　　　일생）

등록기준지:　　　시　　　구　　　길

주소:　　시　　　구　　　길 (우편번호　　　)

전화:　　　－

유언자와의 관계:

유언자:　　　（　　　년　　　월　　　일생）

등록기준지:　　　시　　　구　　　길

주소:　　시　　　구　　　길 (우편번호　　　)

전화:　　　－

청구취지

유언자 망 _____가 20　　.　　.　　. 작성한 별지의 자

필증서에 의한 유언서의 검인을 청구합니다.

청구원인

1. 청구인은 유언자 망 _____가 적성한 별지의 자필증서에 의한 유

질문 사항	전혀 없다	지난달은 없다	한 달에 1번	한 달에 2-3번	일주일에 1번	일주일에 2-3번	거의 매일
1	내가 살아 있지 않는 편이 치리리 낫다고 생각했다.	0	1	2	3	4	5	6
2	자살을 할까 생각했다.	0	1	2	3	4	5	6
3	어떻게 자살할지에 대해 생각해 봤다.	0	1	2	3	4	5	6
4	언제 자살할지에 대해 생각해 봤다.	0	1	2	3	4	5	6
5	사람이 죽어 가는 것에 대해 생각해 봤다.	0	1	2	3	4	5	6
6	죽음에 대해 생각했다.	0	1	2	3	4	5	6
7	자살할 때 유서에 무엇이라고 쓸지에 대해 생각했다.	0	1	2	3	4	5	6
8	내가 원하는 것을 유언장으로 만들어 둘 생각을 했다.	0	1	2	3	4	5	6
9	사람들한테 내가 자살하려 한다는 것을 말할까 생각했다.	0	1	2	3	4	5	6
10	내가 없으면 주위 사람들이 더 행복할 것이라고 생각했다.	0	1	2	3	4	5	6
11	만일 내가 자살한다면 사람들이 어떻게 느낄까 생각했다.	0	1	2	3	4	5	6
12	살아 있지 않기를 바랐다.	0	1	2	3	4	5	6
13	모든 것을 끝장내 버리는 게 얼마나 쉬울까 생각했다.	0	1	2	3	4	5	6

	질문 사항	전혀 없다	지난달은 없다	한 달에 1번	한 달에 2-3번	일주일에 1번	일주일에 2-3번	거의 매일
14	내가 죽어 버리면 모든 문제가 해결되리라고 생각했다.	0	1	2	3	4	5	6
15	내가 죽는다면 다른 사람들이 더 편해지리라고 생각했다.	0	1	2	3	4	5	6
16	자살할 수 있는 용기가 있었으면 좋겠다.	0	1	2	3	4	5	6
17	나는 애초에 태어나지 않았으면 좋았을 것이다.	0	1	2	3	4	5	6
18	기회가 있다면 자살할 것이라고 생각했다.	0	1	2	3	4	5	6
19	사람들이 자살하는 방법에 대해 생각했다.	0	1	2	3	4	5	6
20	자살 생각을 했지만 실제 행동으로 옮기지는 않을 것이다.	0	1	2	3	4	5	6
21	큰 사고를 당하는 생각을 해봤다.	0	1	2	3	4	5	6
22	인생을 살 가치가 없다고 생각했다.	0	1	2	3	4	5	6
23	내 인생은 너무 형편없이 엉망이어서 더 이상 살아갈 이유가 없다고 생각했다.	0	1	2	3	4	5	6
24	내 존재를 알리는 유일한 방법이 자살이라고 생각했다.	0	1	2	3	4	5	6
25	내가 자살하고 나면 사람들은 내게 무관심했던 것을 후회하게 되리라고 생각했다.	0	1	2	3	4	5	6
26	내가 죽거나 살거나 아무도 관심이 없을 거라고 생각했다.	0	1	2	3	4	5	6

	질문 사항	전혀 없다	지난달은 없다	한 달에 1번	한 달에 2-3번	일주일에 1번	일주일에 2-3번	거의 매일
27	정말로 자살할 의도는 아니지만 자해하는 생각을 했다.	0	1	2	3	4	5	6
28	내가 자살할 수 있는 용기가 있을까를 생각했다.	0	1	2	3	4	5	6
29	상황이 더 좋아지지 않으면 자살하겠다고 생각했다.	0	1	2	3	4	5	6
30	자살할 권리가 있었으면 좋겠다.	0	1	2	3	4	5	6

당신을 마지막까지 뒷바라지해 줄 사람은 누구입니까?
자기 스스로에게 묻고 대답해 봅시다. 대답할 수 없는 것은 쓸 필요가 없습니다(자신의 노후와 돌아감에 대한 준비입니다).

1. 추후 거동이 불편할 때, 당신을 간병하고 도와줄 사람이 정해져 있습니까?

2. 치매 등의 불치병에 걸렸을 때 요양시설에 입소하기를 원하십니까, 자택에 계시길 원하십니까? 그리고 그 바람대로 이루어질 수 있으리라 생각하십니까?

---

91   삶과죽음을생각하는회 편, 《웰다잉 교육 매뉴얼》, 186쪽.

3. 당신이 자신의 재산을 관리하지 못하게 되었을 때 의탁할 사람이나 기관은 정해져 있습니까?

4. 노후에 마지막까지 스스로가 원하는 방식대로 살 수 있으리라 생각하십니까?

5. 당신에게 의지가 되지 않는다고 생각하는 사람부터 지워 보십시오. 마지막으로 남는 사람의 이름을 잘 새겨 두고 앞으로의 인간관계를 곰곰이 생각해 보십시오.

① 배우자　　② 자녀　　③ 손자　　④ 친척　　⑤ 친구
⑥ 지인　　⑦ 이웃들　　⑧ 공무원　　⑨ 보험회사 직원
⑩ 아는 의사와 간호사　　⑪ 후견인　　⑫ 기타

구원

나는 죄악된 세상에서 구원받았고 구원을 이루어 간다. 나는 죄악에 빠진 사람의 구원을 위하여 전도에 힘쓴다. 나는 사회구원(윤리, 정치, 경제, 문화, 사회)을 위하여 힘쓴다. 나는 자연환경을 보존한다. 나는 하나님 나라를 지금 이 땅에 이루는 위대한 꿈이 있다.

나는 목회자의 복음 증거자로서 부름을 받고 그 부름에 순종하며 여기까지 왔습니다. 국내 목회를 해야 할지 선교사로 나가야 할지 많은 고민을 했고, 선배 목회자들이 교회 사역에 힘들어하는 것을 보고 두려워서 잠시 방황하기도 했지만 위기 때마다 기도했고 소명감을 새롭게 할 수 있었습니다. 교회와 하나님 나라의 사역자로서 사명 감당을 위해 지속적으로 교육받고 훈련받아 왔습니다. 신학교, 선교사 훈련센터, 각종 세미나, 공적 혹은 사적인 모임에서 토론하고 기도했습니다. 하지만 목회자, 선교사로서 바른 지도자가 되는 것은 결코 쉽지 않음을 깨달았습니다.

개인적으로 새벽 3, 4시간을 묵상과 독서에 사용하려고 노력했습니다. 이 새벽 시간은 누구에게도 간섭받지 않는 고요한 시간으로서 영성과 지성 계발을 위한 소중한 시간이었습니다. 말씀 묵상은 항상 새롭습니다. 작년에 읽은 성경 구절과 올해 읽는 성경 구절은 같은 의미로 다가오지 않았습니다. 폭넓은 독서를 하지 않으면 성장하고 성숙할 수 없습니다. 인생은 죽음에 이를 때까지 성숙히도록 지음받았습니다. 죽음학을 접하고 연구하며 많은 책과 강연을 접한 것도 의미 있는 삶을 사는 데 큰 도움이 되었습니다.

사람을 만나고 대화하고 식사하고 차를 마시는 것을 중요하게 생각했습니다. 선교회 본부와 선교지에서 사역할 때와 선교지에서 선교사들과 현지인들을 돌보고 양육할 때에도 많은 이야기를 들어 주어야 했습니다. 듣는 시간 대부분은 내게 큰 깨달음을 주었습니다. 사람을 만나고 대화하고 공동체를 세워 나가는 일은 시간 낭비가 아닙니다. 하찮게 보일수 있지만 사람의 마음이 변하고 행동이 변하는 것은 만남과 대화와 사랑의 교제를 통해서 가능하기 때문입니다.

목회는 종합 예술과 같이 매우 복잡하고 미묘합니다. 교회의 본질인 예배, 교육, 친교, 섬김, 선교라는 도구를 사용하여 하나님의 백성으로 빚어지고 형성되어 가는 것이 목회라고 생각합니다. 성숙한 분량에 이르도록 교회 공동체를 사용하시는 하나님의 손길을 따라가는 데 목회의 묘미가 있습니다. 교회를 통하여 이루시는 하나님의 역사에 동참하고 사용되는 것이 저의 무한한 자랑이며 영광이었습니다.

자녀에게 물려줄 물질적인 재산은 없습니다. 아내와 함께 사용하던 재산(집, 차, 가구 등)은 아내가 사용해야 할 것입니다. 우리 부부는 자녀에게 재정적이거나 물질적인 유산을 물려주지는 못하지만 우리 가족이나 나와 관계를 맺은 국내외 인적 자원과 삶의 기술을 아내와 자녀들에게 물려주려고 합니다. 사용하던 디지털 기기에 인적 자원들의 연락처를 정리해 놓았으며, 수첩 바인더의 서브 바인더들, 각종 프로그램, 활동, 세미나, 일기, 일지 등은 활용 가치가 높으리라고 생각합니다. 연금과 보헌금은 아내의 생활을 위해서는 사용할 수 있지만 자녀들이 수령하게 될 경우에는 선교회 본부에 희사하도록 하십시오.

지나온 삶을 되돌아보며 이제 사랑하는 아내 그리고 두 아들과 친척들 그리고 지인들에게 마지막 인사를 하고자 합니다.

나는 젊은 나이에 목회자로서 하나님의 부르심을 받고 말할 수 없는 황송한 자리라고 생각하며 살아왔습니다. 스스로 목회자의 길에 들어가야 할 충분한 소명을 확신했으며, 이 길에 대해 두려운 마음으로 하나님의 뜻을 받들고자 노력했습니다. 하지만 여기까지 오게 된 것은 전적인 하나님의 은혜입니다. 어머니의 투철한 신앙과 외가 그리고 친가의 신앙적인 영향에 깊이 감사드리는 바입니다. 더불어 목사와 선교사가 되기까지 좋은 영향을 끼쳤던 고향의 ○○목사님, △△교회 ○○목사님 그리고 △△교회 ○○목사님과 △△교회 고 ○○목사님, △△교회 ○○목사님 그리고 여러 동역자분들과 성도들에게 감사드립니다. 또한 직간접적으로 도움을 주었던 장로회신학대학교의 여러 교수님과 제자훈련원 여러 사역자들, 교단 선교관계자들과 △△필드의 동료들, 한국과 뉴질랜드와 영국의 선교회 관계자들에게 감사드립니다. 그리고 ○○선교사로 일하는 동안, △△선교회 한국본부에서 본부 선교사로 근무하며 아내의 신병 치료를 위해 수술하고 회복할 수 있도록 우리 가정과 사역을 위해 기도로 물질로 도운 여러 동역자들과 교회들에 감사드립니다. 특별히 어려운 가운데서도 후원해 주신 여러 교회들과, 생활비를 아껴서 정기적으로 일시적으로 후원하셨던 성도님들, 끼고 있던 반지를 빼서 주었던 초등학생, 어렵게 아르바이트한 수고비를 주셨던 어느 목사님과 사모님을 기억합니다. 여러분의 도움이 아니었으면 결코 이 길을 걸을 수 없었음을 고백합니다. 우리 가족이 만났던 여러 신앙의 사람들은 하나님의 계획과 섭리 가운데 만난 것임을 확신합니다.

사랑하는 아내에게

지금까지 아내로 사모로 동료 선교사로 엄마로 며느리로 교사로 훌륭하게 함께 생활한 당신에게 감사해요. 꾸밈없는 믿음과 부지런하고 규모 있는 삶과 헌신적이며 아름다운 사랑으로 함께한 시간들이 짧게만 느껴져요. 당신과 비슷한 시기에 하나님의 부름을 받기를 원했지만, 하나님께서 우리의 길을 그분의 선하신 뜻대로 인도하시리라 확신해요. 앞으로의 삶에 대해서는 지금까지도 그러했듯이 하나님의 철저한 인도하심을 받길 바라요. 머지않아 하늘나라에서의 만남은 부부가 아닌 영원한 생명의 만남이 되리라 확신해요. 힘들고 어려울 때마다 주께서 힘주시기를 원해요. 사랑해요.

사랑하는 나의 두 아들에게

사랑하는 ○○아, ○○야. 이제 같이 살지는 못하지만 잠시 후면 다시 만나게 될 것이다. 아빠가 너희들을 얼마나 사랑했는지는 잘 알고 있으리라 생각한다. 바쁘다는 이유로 더 좋은 친구가 되어 주지 못해 못내 아쉽구나. 엄마를 도와 행복한 가정을 이루도록 노력하렴. 그리고 너희들의 장래는 하나님 말씀대로 하나님의 인도하심을 받도록 하며 하나님 나라를 위해 귀하게 쓰임받는 왕 같은 제사장이 되기를 바란다. 복되고 행복한 가정을 이루고 훌륭한 주의 일꾼이 될 너희들이 대견하기만 하구나. 부지런히 은사를 계발하여 어디에서 무엇을 하든지 멋지고 복된 삶을 살기를 바란다.

혹시 아빠와 엄마가 함께 하나님의 부르심을 받는다면 너희들이 더욱 용기를 갖고 믿음으로 살아야겠구나. 아빠 엄마가 너희들을 위해 하늘나라에서 응원하는 것을 잊지 말기를 바란다.

골육의 친척들에게

흩어져 있는 사랑하는 큰누이네 가정과 작은누나 가정 그리고 동생들 가정이 하나님의 선한 사역을 잘 감당하리라 믿습니다. 처가를 위해 기도해 왔듯이 장인 장모님과 처남 처제 가정이 신실한 기독교 가정이 되기를 소망합니다. 지금까지도 믿음 안에서 교제했듯이 앞으로도 아름다운 동기간으로서 하나님 나라를 위해 귀한 일을 감당하는 가정이 되리라 믿습니다.

주 안에서 형제와 자매 된 성도들에게

지나온 나의 목회와 선교 활동을 되돌아보면 하나님의 은혜가 풍성했음을 고백합니다. 게을러서 열심히 기도하지 못했지만 하나님께서는 분에 넘치는 응답을 주셨습니다. 지금 생각하면 최선을 다하여 주님을 언서의 보관자이며, 유언자 망 _____의 배우자입니다.

2. 청구인은 20   .   .   . 유언자 망 _____가 별지
의 자필증서에 의한 유언서를 작성하여 청구인에게 보관토록 하여 보
관하고 있던 중, 유언자가 사망했으므로 민법 제1091조 제1항에 의하
여 이건 검인을 청구합니다.

1. ① 장례식을 하겠다. ( )

   ② 장례식을 하지 않겠다. ( )

2. 장례식의 형식은

   ① 전통적인 예식으로 하기를 원한다(굴건제복을 입는 등). ( )

   ② 나의 종교인 _____식으로 하기를 원한다. ( )

   ③ 내 장례식에는 조문객이 검은 상복을 입지 않고 평상복으로 와 주었으면 한다. ( )

   ④ 가족이 원하는 대로 해도 상관없다. ( )

   ⑤ 기타 (   )

3. 영결식은

   ① 영결식(천국환송예식) 하기를 희망한다. ( )

   ② 영결식은 필요 없다고 생각한다. ( )

4. 장례식의 장소는

① 장례식장 ( )

② 교회 ( )

③ 집 ( )

④ 기타 (   )

5. 장례식의 수의는

① 준비되어 있다. ( )

② 평소 입던 옷 중 가장 잘 어울리는 옷을 입었으면 한다.

   구체적으로 (   )

③ 가족의 선택에 따르겠다. ( )

④ 기타 (   )

6. 관 등의 용품은

① 화려하고 값비싼 것으로 하지 않기를 희망한다. ( )

② 최대한 좋은 것으로 했으면 한다. ( )

③ 기타(   )

7. 영정사진은

　　① 준비되어 있다. (　)

　　② 준비되어 있지 않다. (　)

8. 장례식에서 특별히 원하는 것은

　　① 제단 장식 혹은 헌화에는 내가 좋아하는 _____꽃을 사용하기

　　　를 희망한다.

　　② 좋아하는 음악을 틀어 주었으면 한다.

　　　구체적으로 (　　　　　　　　　　　　　　　　　)

　　③ 영결식(천국환송예식)에서 틀어 주었으면 하는 동영상이 준비되어

　　　있다. (　)

　　④ 관에 함께 넣었으면 하는 것은 _____이다.

　　⑤ 장례식에 오신 분들에게 답례를 하고 싶은 방식이 있다.

　　　구체적으로 (　　　　　　　　　　　　　　　　　)

　　⑥ 그 밖에 원하는 것은? (　　　　　　　　　　　　　)

9. 장례 후

　① 매장하겠다. ( )

　　선산으로 가겠다. ( )

　　공원묘지로 가겠다. ( )

　　아직 준비하지 않았으므로 가족의 선택에 따르겠다. ( )

　② 화장하겠다. ( )

　　봉안당(납골당)으로 가겠다. ( )

　　수목장을 하겠다. ( )

　　해양장을 하겠다. ( )

　　준비하지 않았으므로 가족의 선택에 따르겠다. ( )

　　기타 (　　　　　　　　　　　　　　　　　　　　　　　　)

10. 장례 비용은

　① 준비되어 있다면 (구체적으로 비용까지)

　　장례보험 ( )

　　예금 ( )

　　상조회 가입 ( )

　② 준비되어 있지 않다. ( )

참고 문헌

1. 서적

강헌구. 《가슴 뛰는 삶》. 서울: 쌤앤파커스, 2008.

고용수. 《관계이론에 기초한 만남의 기독교교육 사상》. 서울: 장로회신
학대학교 출판부, 1994.

김균진. 《죽음의 신학》. 서울: 대한기독교서회, 2002.

김대동. 《품위 있는 죽음과 생명의 상담》. 서울: 한들출판사, 2010.

김도일 외 12인. 《참스승: 인물로 보는 한국 기독교교육사상》. 서울: 새
물결플러스, 2014.

김득중. 《대한기독교서회 창립 100주년 기념 성서주석 34 누가복음Ⅱ》.
서울: 대한기독교서회, 1993.

김새별. 《떠난 후에 남겨진 것들》. 서울: 청림출판, 2015.

김여환. 《죽기 전에 더 늦기 전에》. 서울: 청림출판, 2012.

김열규. 《메멘토 모리, 죽음을 기억하라》. 서울: 궁리, 2001.

마리아의작은자매회. 《죽이는 수녀들 이야기》. 서울: 휴, 2010.

박봉랑. "죽은 자의 부활". 《기독교사상》 제259권. 서울: 대한기독교서
회, 1980.

박승호. 《복음원리 12강 1권: 복음이란 무엇인가?》. 용인: 대한예수교장
로회 생명샘교회, 2013.

_____. 《하나님의 구원 경영》. 서울: 한국장로교출판사, 2011.

박영선. 《내일 죽을 것처럼 오늘을 살아라》. 고양: 위즈덤하우스, 2011.

박완서. 《한 말씀만 하소서》. 파주: 세계사, 2004.

박준서. 《구원과 종말: 제12회 연세대학교 연합신학대학원 목회자신학
세미나강의집(1992)》. 서울: 연세대학교출판부, 1993.

삶과죽음을생각하는회. 《웰다잉 교육 매뉴얼》. 서울: 사회복지법인 각당
복지재단, 2015.

_____. 《제35기 죽음준비교육 지도자과정 기본교육》. 서울: 사회복지
법인 각당복지재단, 2016.

유경. 《유경의 죽음준비학교》. 서울: 궁리, 2008.

윤영호. 《나는 한국에서 죽기 싫다》. 서울: 엘도라도, 2014.

이규민. 《포스트모던 시대의 통전적 기독교교육》. 서울: 한국장로교출판
사, 2016.

이무석. 《이무석의 마음》. 서울: 비전과 리더십, 2011.

이병란. 이철영. 최청자. 《죽음준비교육과 삶: 죽음준비교육의 이론과
실제》. 서울: 효사랑, 2007.

EBS MEDIA·EBS 데스 제작팀. 《EBS 다큐프라임 죽음》. 서울: 책담,
2014.

이어령. 《지성에서 영성으로》. 파주: 열림원, 2010.

전경연. 《대한기독교서회 창립 100주년 기념 성서주석 43 골로새서 빌레
몬서》. 서울: 대한기독교서회, 1993.

조원희. 《혼자 가야 해》. 파주: 느림보, 2011.

질병체험이야기 연구팀. 《호스피스로 삶을 마무리하는 사람들》. 서울:
한빛라이프, 2015.

천상병 저. 박승희 엮음. 《천상병 시선》. 서울: 지식을만드는지식, 2012.

최윤식. 《2020-2040 한국교회 미래지도》. 서울: 생명의말씀사, 2013.

한국기독교윤리학회. 《삶, 죽음 그리고 기독교 윤리》. 서울: 예영커뮤니
케이션, 2006.

한국호스피스협회. 《호스피스 총론》. 대구: 한국호스피스협회출판부,
2007.

Albom, Mitch. *Tuesdays with Morrie.* 공경희 역. 《모리와 함께한 화요일》.

서울: 세종서적, 1998.

Barth, Karl. *Die Kirchiche Dogmatik* Ⅲ/2. Zürich: Evangelischer Verlag A. G. Zollekan, 1959.

Buford, Bob. *Half Time*. 이창신 역. 《하프타임》. 서울: 국제제자훈련원, 2009.

Deeken, Alfons. *How to Face Death*. 오진탁 역. 《죽음을 어떻게 맞이할 것인가》. 서울: 궁리, 2002.

_____. 生と死の敎育. 전성곤 역. 《인문학으로서의 죽음교육》. 고양: 인간사랑, 2008.

Emmanuelle, Huisman-Perrin. *La Mort Expiquee A Ma Fille*. 김미정 역. 《아이들에게 설명하는 죽음》. 서울: 동문선, 2005.

Enclave-Lambert, Marie-Helene. *La Mort*. 윤미연 역. 《우리 아이가 죽음에 대해 묻기 시작했어요》. 서울: 프리미엄북스, 2004.

Frankl, Viktor Emil. *Man's Search for Meaning : An Introduction to Logotherapy*. 《죽음의 수용소에서》. 파주: 청아, 2005.

Gire, Ken. *The Reflective Life*. 윤종석 역. 《묵상하는 삶: 오염된 삶의 현장에서 영적 감수성을 높이는 법》. 서울: 두란노, 2000.

Grollman, Earl A. *Talking About Death*. 정경숙·신종섭 역. 《아이와 함께 나누는 죽음에 관한 이야기》. 서울: 학지사, 2008.

Groome, Thomas. *Will There Be Faith?: A New Vision for Education and Growing Disciples*. 조영관 외 2인 역. 《신앙은 지속될 수 있을까?》. 서울: 카톨릭대학교출판부, 2014.

Krych, Margaret A. *Teaching the Gospel Today : A Guide for Education in the Congregation*. 이규민 역. 《이야기를 통한 기독교교육: 신앙공동체를 위한 기독교교육의 새모델》. 서울: 한국장로교출판사, 2012.

Kübler-Ross, Elisabeth. *On Life After Life*. 최준식 역. 《사후생》. 서울: 대

화문화아카데미, 2009.

_____. *On Death and Dying*. 권순만 역. 《죽음의 순간》. 서울: 자유문학사, 1981.

_____. *The Wheel of Life: A Memoir of Living and Dying*. 강대은 역. 《생의 수레바퀴》. 서울: 황금부엉이, 2009.

_____. *Children and Death*. 오혜련 역. 《어린이와 죽음》. 서울: 우진출판사, 1995.

Kübler-Ross, Elizabeth, and David Kessler. *Life Lessons*. 류시화 역. 《인생수업》. 파주: 이레, 2006.

Lewis, C. S. *The Mere Christianity*. 장경철·이종태 역. 《순전한 기독교》. 서울: 홍성사, 2005.

Loder, James E. *The Knight's Move*. 이규민 역. 《성령의 관계적 논리와 기독교교육 인식론: 신학과 과학의 대화》. 서울: 대한기독교서회, 2009.

_____. *The Transforming Moment*. 이기춘·김성민 역. 《삶이 변형되는 순간》. 서울: 한국신학연구소, 1988.

Mann, Arai 글. Satake Miho 그림. *A Thousand Winds*. 노경실 역. 《천의 바람이 되어》. 서울: 새터, 2005.

Mills, Joyce D. 글. Carry Pillo 그림. *Gentle Willow : A Story for Children About Dying*. 정선심 역. 《부드러운 버드나무》. 서울: 미래M&B, 2006.

Moll, Rob. *The Art of Dying*. 이지혜 역. 《죽음을 배우다》. 서울: IVP, 2014.

Mundy, Michaelene 글. R. W. Ally 그림. *SAD ISN'T BAD A Good-Grief Guidebook for Kids Dealing with Loss*. 노은정 역. 《슬플 때도 있는 거야》. 서울: 비룡소, 2004.

Nouwen, Henri J. M. *Our Greatest Gift*. 홍석현 역. 《죽음, 가장 큰 선물》.

서울: 홍성사, 1998.

Nolland, John. *Word Biblical Commentary Volume 35c: Luke 18:35-24:53.* 김경진 역. 《WBC성경주석 누가복음(하)》. 서울: 솔로몬, 2010.

O'Brien, Peter T. *Word Biblical Commentary Volume 44: Colossians, Philemon.* 정일오 역. 《WBC성경주석 골로새서 빌레몬서》. 서울: 솔로몬, 2010.

Peck, M. Scott. *Denial of the Soul: Spiritual and Medical Perspective on Euthanasia and Mortality.* 조종상 역. 《이젠 죽을 수 있게 해줘》. 서울: 율리시즈, 2013.

_____. *The Road Less Traveled.* 최미양 역. 《아직도 가야 할 길》. 서울: 율리시즈, 2011.

Sacks, Jonathan. *Dignity of Difference: How to Avoid the Clash of Civilizations.* 임재서 역. 《차이의 존중》. 서울: 말글빛냄, 2007.

Samb hava, Padma. *The Tibetan Book of the Death.* 류시화 역. 《티벳 사자의 서》. 서울: 정신세계사, 1998.

Sande, Kenneth. *The Peacemaker.* 황규명 역. 《피스메이커》. 서울: 도서출판 피스메이커, 2007.

Tolstoy, Lev Nikolayevich. *What Men Live by.* 박형규 역. 《사람은 무엇으로 사는가》. 파주: 푸른숲, 2009.

_____. *Smert' inana ilicha.* 고일 역. 《이반일리치의 죽음》. 파주: 작가정신, 2011.

Warren, Rick. *The Purpose Driven.* 《목적이 이끄는 삶: 나는 왜 이 세상에 존재하는가》. 서울: 디모데, 2003.

Wass, H., Miller, M. D. & Thornton, G. *Death Education and Grief/Suicide Intervention in the Public Schools.* Death Education, 14, 1990.

Winter, Ralph D., Steven C. Hawthorne, 한철호. *Perspectives 2 on the*

World Christian Movement. 정옥배 외 4인 역.《퍼스펙티브스 2 문
화적 전략적 관점》. 서울: 예수전도단, 2011.

Wyckoff, D. C. "Understanding your Church Curriculum". *The Peinceton
Seminary Bulletin, Vol63. No1,(1970)*. 고용수.《관계이론에 기초
한 만남의 기독교교육 사상》. 서울: 장로회신학대학교 출판부,
1994.

_____. *Theory and Design of Christian Education Curriculum(1961)*. 고용
수.《관계이론에 기초한 만남의 기독교교육 사상》. 서울: 장로회
신학대학교 출판부, 1994.

_____. *Theory and Design of Christian Education Curriculum(1990)*. 서울:
김국환 역.《기독교 교육과정의 이론과 실제》. 서울: 성광문화
사, 1983.

傳偉勳. 전병술 역.《죽음, 그 마지막 성장》. 서울: 청계, 2001.

木原武一. 死亡律百パーセントを生きる：ある愛と死の記録. 윤여경
역.《호스피스의 기적》. 서울: LEADERS, 2002.

2. 논문 및 학술지

김영효. "통전적 신앙을 위한 죽음준비교육." 미간행박사학위논문, 장로
회신학대학교, 2014.

대한예수교장로회총회 사회봉사부. 생명신학협의회. "자살에 대한 목회
지침서." 제99회 총회 정책문서.

박선혜. "와이코프 이론에 근거한 교회부설 노인대학 교육과정 개발." 미
간행석사학위논문, 장로회신학대학교, 2014.

박종현. "웰 다잉(Well Dying)을 위한 죽음준비교육 연구." 미간행박사학
위논문, 장로회신학대학교, 2013.

사회복지법인 각당복지재단 세미나. "당하는 죽음에서 맞이하는 죽음으로." 신촌세브란스병원 본관 6층 은명대강당, 2010.

연영돈. "변화의 관점에서 본 장년성경공부에 관한 고찰-제임스 로더를 중심으로-." 미간행석사학위논문. 장로회신학대학교, 1997.

이규민. "욥의 자아 변화와 로더의 변형의 역동성의 상관성 연구."《신학이해》제32집. 호남신학대학교출판부, 2007.

_____. "제임스 로더(James Loder)의 생애와 기독교교육사상."《기독교교육논총》제17집. 한국기독교교육학회, 2008.

이정곤. "제임스 로더의 '변형 논리'에 관한 연구." 미간행석사학위논문, 장로회신학대학교, 2001.

황명환. "죽음이해에 관한 유형론적 연구." 미간행박사학위논문, 장로회신학대학교, 2009.

3. 인터넷

안수산. "일본과 싸우기 위해 미 해군 지원-자랑스러운 한국인."〈스포츠 경향〉. http://sports.khan.co.kr/news/sk_index.html?art_id=201609111155003&sec_id=540201. (2016월 9월 11일 접속).

안환균. "영원한 삶: 변증전도에 어떻게 적용할 것인가?"〈기독교포털뉴스〉. http://www.kportalnews.co.kr/news/articleView.html?idxno=13404. (2015년 10월 28일 게시).

〈연합뉴스〉. "한국 자살 증가율 12년간 109.4%." http://news.naver.com/main/ranking/read.nhn?mid=etc&sid1=111&rankingType=popular_day&oid=001&aid=0007106463&date=20140904&type=1&rankingSeq=1&rankingSectionId=102. (2014년 9월 4일 게시).

예술의 전당 보도자료. "영혼의 시 뭉크." http://press.sac.or.kr/_

press/000-2014/201406%20Ex_Edvard%20Munch/Munch%20
pre/Munch%20pre.htm. (2016년 11월 22일 접속).

오민경. "지켜드리지 못한 어머니의 尊嚴死(존엄사)." 〈프리미엄조선〉.
http://premium.chosun.com/site/data/html_dir/2014/12/18/
2014121804107.html?cont02. (2014년 12월 19일 게시).

인터파크 도서. "혼자 가야 해-출판사 서평." http://book.interpark.
com/product/BookDisplay.do?_method=detail&sc.
prdNo=207391803. (2016월 10월 4일 접속).

정현채. "안락사를 보는 시선들(2)". 죽음, 또 하나의 시작 시리즈. http://
navercast.naver.com/contents.nhn?rid=275&rid=&contents_
id=70489. (2014년 10월 28일 게시).

_____. "근사체험의 의학적 연구(1)". 죽음, 또 하나의 시작. http://
navercast.naver.com/contents.nhn?rid=275&contents_id=63544.
(2014년 8월 7일 게시).

Ken Murray. 고재섭 역. 〈Time〉. "Why Dying Is Easier for Doctors". 의
사들은 왜 쉽게 죽음을 맞이할까. http://time.com/author/ken-
murray/. (2014년 9월 2일 게시).

죽음 교양 수업

The Essential Workbook for Thanatology: On Death and Dying

지은이 남충현 이규민
펴낸곳 주식회사 홍성사
펴낸이 정애주
국효숙 김경석 김의연 김준표 박혜란 송승호 오민택
오형탁 이현주 임영주 주예경 차길환 최선경 허은

2020. 2. 20. 초판 1쇄 인쇄   2020. 3. 2. 초판 1쇄 발행

등록번호 제1-499호 1977. 8. 1
주소 (04084) 서울시 마포구 양화진4길 3   전화 02) 333-5161   팩스 02) 333-5165
홈페이지 hongsungsa.com   이메일 hsbooks@hongsungsa.com
페이스북 facebook.com/hongsungsa
양화진책방 02) 333-5163

ⓒ 남충현·이규민, 2020

• 잘못된 책은 바꿔 드립니다.   • 책값은 뒤표지에 있습니다.
• 이 도서의 국립중앙도서관 출판예정도서목록(CIP)은 서지정보유통지원시스템 홈페이지(http://seoji.nl.go.kr)와
 국가자료공동목록시스템(http://www.nl.go.kr/kolisnet)에서 이용하실 수 있습니다.(CIP제어번호: CIP2020004956)

ISBN 978-89-365-1411-2 (03230)